大白话讲透
人力资源管理

企业教练罗老师 / 著

化学工业出版社
·北京·

内容简介

对于人力资源从业者来说，如果能及时发现影响工作走向的重大变量因素，形成多维度思考的思维方式，并结合专业工具，就能极大地提高工作效率，更好地完成工作目标。本书对这些变量因素、思维模式和专业工具的使用，进行了深度剖析，并结合了大量实战案例，希望能帮助读者对此有更深的了解。

本书特别适合人力资源从业者、企业的管理者阅读和使用，也可作为咨询人员、高校相关专业学生学习人力资源管理的参考资料。

图书在版编目（CIP）数据

大白话讲透人力资源管理 / 企业教练罗老师著. —北京：化学工业出版社，2024.4
ISBN 978-7-122-45053-1

Ⅰ.①大… Ⅱ.①企… Ⅲ.①人力资源管理 - 基本知识 Ⅳ.①F243

中国国家版本馆 CIP 数据核字（2024）第 039688 号

责任编辑：罗　琨　　　　　　　　装帧设计：韩　飞
责任校对：王鹏飞

出版发行：化学工业出版社
　　　　　（北京市东城区青年湖南街13号　邮政编码100011）
印　　装：三河市双峰印刷装订有限公司
880mm×1230mm　1/32　印张9½　字数186千字
2024年10月北京第1版第1次印刷

购书咨询：010-64518888　　　　　售后服务：010-64518899
网　　址：http://www.cip.com.cn
凡购买本书，如有缺损质量问题，本社销售中心负责调换。

定　　价：68.00元　　　　　　　　版权所有　违者必究

前言

◇◇◇

在人力资源（Human Resource，以下简称HR）领域的工作实践中，当我们需要使用一些工作方法，来提升效率解决问题时，很容易会选择复制其他公司或他人曾使用过的"最佳实践"人力资源管理工作方法，这非常常见。但是复制过后，能够在自己公司落地并取得成功，或者自己熟练使用的，却又并不常见。那么，为什么"复制"失败的概率很高，大家还乐此不疲呢？较为常见的想法是：既然别人已经有了实践成功的工作方法，那么何必自己再花时间和精力去研究呢，并认为这是工作低效的一种表现。可是这么做，最终导致的结果是：工作的问题依然没有解决，项目没法推进，工作结果被质疑。这样相同的情节，几乎每天都在不同的公司上演。

这让OKR（Objectives and Key Results，即目标与关键成果法，是一套明确和跟踪目标及其完成情况的管理工具和方法，由英特尔公司创始人之一安迪·葛洛夫发明）从炙手可热的管理工具，变成了鸡肋；接班人计划从潜力人才培养池，变成了业务部门口中"不务正业"的项目。这一切并不是管理工具或者项目的错，而是因为大家常常忽略了一点：工作方法和经验，很难被简单地复制，要关注影响工作走向的重大变量因素，只有进行多维度的思考，同时结合专业性工具的使用，才能获得想要的结果。

本书就是针对这些问题，帮助读者对影响工作的各种因素进行全面思考，形成系统的工作思维方式，从而改进工作方法，提升工作效率。

也许读者会问，这本书的主题是关于如何高效工作的，为什么作者会从影响工作的变量因素、思维方式等方面入手来讨论呢？这其实是源于作者在实践工作中的体会，比如说，在面对同样的难题时，优秀工作者和普通工作者提交的解决方案之间的差距，往往不是专业知识的储备差距或专业性工具的选择造成的，而是由谁能寻找到那些没有被人关注到的、隐藏在工作当中的细节，随时可以影响工作走向的变量因素所决定的；谁能思考得比别人多、比别人全，谁就能提出比别人更好的解决方案。

从笔者的思考结论来看，HR的工作思维才是HR高效工作的核心，专业性工具的使用是HR高效工作的基础。只有明确了问题背后的逻辑，将这两者结合起来，才能在各种工作场景下，让HR工作开展得更灵活，直达问题的核心。

本书不仅囊括与人力资源管理工作有关的理论和实践场景，还附带了一些在实际工作中可以借鉴的案例和图表，为读者提供简单直接的问题解决途径和方法，让读者真正有所收获。读者可以通过对本书的阅读，迅速领会人力资源管理工作开展的真谛，从而更好地应对工作过程中的各种困难和问题。

本书以引入案例的形式展开，共分为三个部分计八章。介绍了人力资源管理实践工作当中，常会遇到的挑战和疑惑。这些案例很有代表性，相信很多HR从业人员都曾经遇到过，而书中提供的解决方案，请大家在使用时要结合自己的具体情况来思考，切忌完全照搬。

本书试图通过笔者在工作实践过程中，对自身工作经验的总结，和借鉴其他公司人力资源管理工作中的经验和教训，将人力资源管理工作中的一些工作方法和解决问题的思路呈献给大家。由于能力有限，书中难免存在不足之处，敬请读者批评指正。

目　录

第二章　部门内的问题你处理好了吗？ // 42

第三部分
从 HR 管理实践出发　// 173

第六章　招聘是门技术 // 175

第七章 培训赋能 // 224

第八章　薪酬绩效 // 255

第一部分

从管理修炼出发

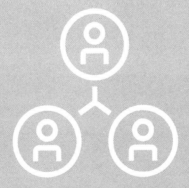

以前我曾经做过一个试验：将一个准备辞职的 A 项目组成员调到了 B 项目组。在公司、职位、工作内容不变的情况下，只是直属领导换了，就让一个低效能员工成长为高潜力人才。

　　这种情况，其实在我们的日常工作中并不少见。团队管理中的很多难题，表面都会被包装成管理机制、流程的问题；一番抽丝剥茧后，却发现其真正的症结都指向了相关管理者自身的管理水平。

　　我们 HR(人力资源) 作为公司内部问题解决方案的提供者，在碰到这些管理难题的时候，是否能够及时发现它的症结所在，并及时提供相关人员指导？我们自己成为管理者之后，又是否能规避这些问题？这些问题的答案，对我们日常工作的开展有着重要的意义。

　　在以下的章节中，我将日常工作中常碰到的一些相关的工作场景分享给大家，供大家参考，并希望读者能借用这些场景认真思考上面几个问题。

第一章

升职，你准备好了吗？

有一次在电梯间里，我听到有一个其他公司的员工正在抱怨刚上任的领导。诸如此类的抱怨，在员工休息时间其实很常见。大家通常都会聊聊，哪个领导不会管理，哪个领导不够果决，哪个领导情商不达标、不体谅下属等。

可是当自己真的从普通员工升职为管理人员时，几乎90%的人都会碰到且无法很好地处理以前自己抱怨过上司的问题。其中以领导力类的问题最为突出，包括我们HR人员，也同样无法避免。这时大家才会有所感触：真正做管理比纸上谈兵难太多了。

在员工转变为管理者的路上，到底需要做哪些管理能力的提升，才能让他们学会应用有效的管理行为达成良好的团队绩效结果呢？作为 HR 人员，我们又应该如何支持他们快速地适应、过渡这个阶段呢？

以下章节中，以小 E 的升职经历为主轴线，将其初任管理者时的日常工作中一些困惑分享给大家。让大家可以了解这个过程是如何发生的、应对的方法可以有哪些，以及自己做管理工作时又该如何避免发生类似的问题。

一、小 E 的升职困惑

所有人都变了（升职了，你进入管理角色了吗？）

我曾经和一个 HR 同行讨论过：是什么原因让刚升职成为管理者的员工，陷入消极、焦虑的情绪，迟迟无法进入管理者的角色？后来，我们总结出两点：①员工没法很好地适应工作环境带来的变化；②对上司和下属的改变以及如何融入新的团队都缺乏应对策略。

假如新管理者能及时发现这些问题，经过向前辈请教、学习，并有针对性地调整后，也是能够扭转现状，开启属于自己的管理之路的。

记得当年我刚进入 FH 时，董事长就特别嘱咐过我，招聘组里的小E已经为公司服务了四年，一直都表现得不错，希望我有机会能够提拔她一下。

当时的我对小E印象深刻：她拥有做猎头的经验，招聘做得很好，是一个很热情的女孩子。

董事长此举显然是为了让我这个新任领导，能够更好地融入团队，而我自然也不会拒绝他的好意。

很快机会就来了，小E因工作业绩出色顺利得到了晋升。

我看到她对新岗位信心满满的状态之后，便只嘱咐了她，碰到困难或者不适应需要帮忙的话，可以及时和我沟通。之后，她就被派往北京分公司履新了。

在这个过程中，我并没有过多地给予她岗前指导，虽然我知道她可能会碰到一些问题。但还是选择让她自己先去尝试一下。"放养"，有时也是一种不错的管理手段。现在的员工大多不愿意被说教，如果是员工自己遇到难题，主动寻求解决方案，效果更好。

两个月的时间转瞬即逝。我因工作繁忙，没有太多时间过问小E的情况，而她也没有找过我。后来，我开始在一些场合听到小E的团队对小E产生了不满进而孤立她的传言。很快小E的上司顾总也直接找到了我，表达了他对小E工作表现的不满。顾总表示，北京分公司的人事部门，在小E的领导下氛围压抑、效率低下；小E本人的工作状态也不好，始终不能很好地融入团队，工作也变得敷衍，还有了离职的想法。

小E在公司已经工作了四年，不论是北京分公司人事部门的上级还是下属，她都与之经历过一段时间的磨合，之前合作也都比较顺利。按理说，就算她在管理上还有很多不足，也不至于在短短两个月里就惹得"天怒人怨"，一定是发生了什么。于是，我安排小E回总部办事，想和她进行一次深入的面谈。

小E来到总部的时候，面容有些憔悴，看上去很沮丧，和之前她临上任之际的意气风发形成鲜明的对比。当我谈到团队融合问题时，小E的眼睛里隐隐泛着一些泪光，告诉我是她自己没做好，让我看着有些不忍。"任何人第一次做管理者的时候，都会有各种不适应，你才刚上任，做不好是正常的，不要给自己太大压力。"我宽慰着她。

"你能说说，这两个月都发生了什么吗？据我所知，你以前和北京分公司人事部那边相处得还不错，怎么会变成现在这个样子？"我继续问道。

"所有人似乎都发生了微妙的改变，不论是顾总还是团队内的成员。"小E稳定了一下情绪，很无奈地说道。

比如顾总，以前布置工作时对她特别有耐心，每件事情都说得特别仔细，印象中从没对自己红过脸。可她升职后，顾总好像变了一个人，对她越来越没有耐心，随便说个事，就好像她应该知道怎么做一样。几次沟通都不是很顺利，她的压力也很大，就和顾总起了几次争执。

而她与团队成员，以前都相处得不错，还经常一起吃饭私下交流。可是自打她升职之后，所有人都躲着她；感觉自己一来到团队，就已经被孤立了。

她也想缓和关系融入团队，休息时也尝试和大家闲聊，可是她刚一走近大家就自动散开了，布置工作时大家对她的态度也很敷衍，有时工作根本没法顺利地推进，这些都令她产生挫败感。有过几次不成功的尝试之后，她也就放弃了融入团队的想法。

但是工作还是要完成的，无奈之下她只能用强势的态度强压下去。只是这不仅没有让工作顺利推进，反而让团队成员对她更为抵触，团队氛围也越来越差。

此时她有些委屈地说道："我也不是非要他们喜欢我。而且我也不喜欢强势压人，只是单纯地想完成领导分配的工作。不喜欢我没关系，但总要做好本职工作吧！有不懂的可以来问我，我也没那么小气，也愿意支持他们；而且大家以前彼此都认识，也配合过，怎么现在就配合不了了？"

"因为你的角色不同了。比如，对于顾总而言，你从一个单纯的执行者，变成了一个管理者。他对你有了新的要求和期待，希望你为他排忧解难，减轻他工作的压力。而你却没有及时调整自己的心态，还想像以前那样依赖他，让他手把手地教你如何工作，他肯定会没有耐心，你们自然配合不好。何况最近他的工作压力也很大，他更期待你给工作带来更多的解决方案，让自己少操点心。"我笑笑后回答她。

她听完沉默了一会儿，继续说道："可能是因为以前自己是他的下属，现在也是。我就想着一切还像以前那样应该可以合作得很好，而忽略了自己职位改变后领导的期待也会随之发生变化。这确实是我的问题。

"那团队成员呢？他们也是对我有什么新的期待吗？"

看着她思路有点打开了，我就没有直接回答她这个问题。因为我不想让她养成不思考就直接要答案的习惯。我给她布置了两项作业：①思考一下，怎么才能和顾总更好地配合？②团队不可能无缘无故去抵触一个人，先尝试站在对方的角度找出抵触的原因。作业的完成时限为1天。

积极的转变（升职后与上司的沟通转变）

第二天快下班的时候，小E回来找我汇报作业的完成情况。她的状态较前一天有了很大的变化，不仅情绪平稳了很多，状态也变得更积极了一些，不像之前那么低落。后来她告诉我，经过换位思考后的反思，她确实发现了自己很多问题。

小E在找我汇报之前在上午和顾总沟通工作的时候，就做了深刻的自我检讨。借着这次检讨的契机，也让她更深入地了解到顾总对于这个岗位和对她的期待，而且还意外地收获了许多的鼓励和支持，这让她受到了鼓舞。希望自己能更快地调整状态，进入新的角色。

"之前自己好像进入了死胡同中，原地打转，怎么都走不出来，可是换一个角度想问题，感觉思路马上就开阔了。"她感慨地说道。

"那么接下来你将如何开展工作，来更好地配合顾总呢？"我顺势提出了昨天布置的第一个问题。

小E自省："第一点需要调整自己的心态，应该更有担当一些。以前我是一个很好的执行者，领导布置的工作总是完成得很快、很好。但是前提条件是领导要把细节说清楚，比如，时间、地点、资源、方式。

"现在自主权多了，很多事情自己可以做主之后，做事反而变得特别犹豫，想做好，又害怕决策出错，所以会和顾总反复确认。这些都是缺乏担当的一种表现。

"这也造成了自己团队没管好，做事情不够果决，过分谨慎，反复纠结、犹豫，缺少判断。这些都给顾总增加了不少负担。

"所以想要和顾总配合好，调整好心态是第一位；要有主动为自己的团队、为团队的工作结果负责的决心和勇气，不能老想着依赖领导。

"第二点需要调整的就是工作的方式，要把自己部门的工作做梳理。首先，对工作类型分类，比如哪些是日常工作、哪些是需要重点跟进的工作、哪些是需要配合业务发展提前规划的工作。其次，根据工作量和时限要求的不同，做好部门工作规划，并且匹配相应的人力、资源。有序开展工作，不能像之前那样，老是扮演'救火队长'的角色，每天都很忙，感觉工作永远做不完、乱糟糟的。

"第三点需要调整的是团队的工作氛围问题，不要让顾总操心。"当说到最后这点时，我感觉小E的声音不自觉就低了好多，似乎有些不自信。

但我依然很高兴，仅仅过了一个晚上，小E能对目前的局面，有了这样快速的认知变化，还是很好的。

于是我接着她的话说道："还有一点也很重要，你要学会结构化思维模式。从多个方面，对工作任务进行深入的思考、分析，之后再制订解决方案；另外，还要找到合适的方法推动方案落地，这样才能取得比较好的团队绩效。"

她似乎对我说的"结构化思维"这个词语感到有些陌生，疑惑地问道："那具体应怎么做呢？"

"例如，我们绩效方案的制订过程就是一个结构化的系统工程。我们可以按如下步骤操作。

● **分析任务**——先分析做绩效的目的是什么，以及可能干扰的因素有哪些。

● **确定任务**——完成绩效工具的选择以及方案的制订。

● **资源分析**——需要什么样的支持，需要多少人配合，以及需要多长时间。

● **制订计划**——绩效方案制订的过程管理以及落地推广的各个时间节点是什么，比如，什么时间开绩效宣讲会等。"

"那如果碰到了经验外的任务呢？没有经验，再怎么分析也得不出来结果啊！"她有点担心地问。

"流程也是一样的。你可以自己先按照以上步骤把任务思考一遍。虽然不一定马上能得出正确答案。但是在你有思路的情况下，找领导沟通时可以让他看到，你对这个任务已经全盘思考过了，这是一个态度的体现。领导觉得你的态度端正，自然就会给你一些工作方向的指导和建议。

"但是如果你连想都不想就去问，他就会觉得你在增加他的工作量，推卸自己的责任，那你的工作价值又怎能体现呢。"我如此回答她。

"这种思维方式好，有了它，就算是碰到困难的、自己没经验的任务，也不会因为感到没有着力点而慌张了。

"而且，我现在就可以把手上的项目按照这个方法先梳理出来，这样也能让我对工作任务的考虑更加周全。"她点头说道，随后办公室就安静了下来。

小E似乎陷入了思考，像是在消化刚才谈话的内容。于是，我没有就这个问题继续和她深入谈下去，而是给了她更多的时间自己琢磨。

小E是个急性子的行动派，只要思路打开了，她立马就会有改变。相信过不了多久，随着她对自己工作方式的调整，她和顾总之间的配合也会越发默契。

关系也需要储蓄（管理者融入团队的方法）

过了好一会儿，小E突然抬起头，拍着脑袋说道："我好像还有一项作业没交。"我笑笑，看着她没说话。

她调整了一下坐姿，语气又变得有些纠结和犹豫，说道："第二项作业，其实我也考虑了一下他们抵触我的原因，但是还不太确定。我想，可能是因为我的到来抢了他们的升职机会，也可能是因为以前我们是平级的同事，现在我一下子变成了他们的上级，他们不服。暂时我只想到这两个，而且也没有想到什么很好的处理方法。"

"我听说莉莉游戏打得很好，她在玩王者荣耀，好像打到了很高的级别。"我突然换了一个话题。

"她是一直喜欢打游戏，因为我不玩游戏，以前没有特别关注过。现在做了管理者，有时看她利用休息时间打游戏，想到她工作没有做好，脾气就上来了，有时和她说话会带些情绪。不过这和我们聊的有什么关联吗？"她疑惑地问。

"良好工作关系的建立可以有很多种方式，相较于加入他们的闲聊，重视他们的个人价值往往要更有效果。这种价值包含但是不限于工作、生活、兴趣等方面。当你觉得和他们以前太熟悉时，会不会忽略了什么呢？"我回答她。

"莉莉作为一个女孩子，却能在游戏里玩到那么高的级别，是一件很厉害的事。这就是她与众不同的价值。而我从来没有从这个角度尝试用欣赏的方式和他们沟通过，也忽略了他们每个人的独特价值。是吗？"她思考了一会儿后这样回答我。

我听完点头，继续说道："你说得对，但是这并不是说要把你变成一个讨好者，每天要你变着方式地夸赞对方，一味讨好并不一定能收获尊重。而是应该在平常的沟通工作中，让大家感觉有所'得'。

"这种建立工作关系的方式，就像是在银行里储蓄，他们在你这里，一点一滴地所'得'越多，团队的凝聚力就越强，大家就会更愿意与你共同承担工作，对你的包容性也就越强。"

"那除了认可他们的价值外，我还可以从哪些地方开始，让他们感觉有所'得'呢？"小E认真地听完后继续问。

"大多数人对于工作的期望，就是在一个舒适融洽的工作环境中，能积极发挥自己的作用。如果你能打造出这样的工作环境，让他们在其中最大限度地体现自己的价值，对于他们而言这也是一种所得。

"你入职后，有没有和你的团队成员做过面谈？了解过他们希望在工作中得到什么吗？"听我说完后，小E不好意思地摇了摇头。

"舒适融洽的工作环境，离不开良好的团队合作。而良好的团队合作，除了和谐的工作关系外，就是诉求相同、目标一致。没有这个前提，别人为什么参与进来？你如果没有做过团队人员的面谈，也不知道对方想要什么，如何做到诉求相同？又如何建立一致的目标呢？"

我看着小E若有所思地点了点头，接着说道："当然，好的团队合作，需要的不仅仅是在解决团队人员诉求上，建立一个清晰的团队目标。这只是第一步，它还需要其他重要组成部分，例如：

- **清晰的团队目标**
- **公开透明的沟通氛围**
- **清晰的成员角色定义**

- **公平的奖惩条例**

- **争议冲突的解决办法**

"这些组成部分很重要，都需要团队**共创产生**，这样才能增加团队**群体共识度**。可以将这些内容做成团队公约，规定全体成员均须遵守。避免后期团队管理中常出现的"目标不一致导致工作方案无法落地""团队成员间不信任、冲突"等问题。

"当你把这些都做到了，团队就有了一个良好的合作基础，有建设性和合作氛围的工作环境也就随之形成了，员工的工作表现也会一起发生改变。"

这时小E深深叹了一口气说道："我以前把管理这个事情想得太简单了。建立良好工作关系、凝聚团队这些内容，我都需要再学习，要学习的内容真是太多了。

"而我最大的错误，就是工作关系的储蓄不够。在团队基础没打好的情况下，不仅忽略了团队成员的诉求，更是以自己的主观认知，代替了团队成员的共识，不断给大家施压，这才造成大家都觉得团队的工作和自己没关系，参与度不高，还排斥我。

"我好像不知不觉就变成了自己以前最讨厌的那种领导了。"说到这里，小E自嘲地笑了笑。

"你真的愿意做出改变，重新开始，任何时候都不晚。"看着她有些自责，我开口说道。

这次她没有再多说什么，但是我从小E坚定的眼神中看见了她希望改变的决心。

在这次面谈结束半个多月后，我特意找顾总再次了解了一下小E的工作状态。因为我知道重塑团队的关系，并不是一件容易的事情。得知现在他们团队的氛围改变了不少，大家也都愿意接受她了，工作态度也变得积极很多。我也终于放下心来。

二、小E的带人难题

亲力亲为遭抱怨（员工不领情，要及时找原因）

初任管理者时，大家经常会碰到的工作场景，就是自己没日没夜地忙碌了半天，结果员工并不领情，还老是抱怨。这让管理者们时常感觉到委屈。

如果让委屈的情绪蔓延开，管理者和自己团队成员之间的关系，就会很容易陷入僵局。如果能冷静下来，对自己的管理工作过程进行复盘，就会发现问题的根源通常都在管理方式上。

有一次季度高管会议过后，顾总和我闲聊时说起，他给小E布置了一个很困难的任务：要她带领团队在一个月内招到70名合适的新员工。这倒不是故意为难小E，主要也是因为公司业务压力增大，不得已而为之。

其实公司的底线是，只要招到接近40个人就已经能够缓解当下的用人困局，任务也可以算是完成了，其余30个名额稍晚招到也是可以的。只是顾总不会将这些告诉小E，一方面是想考验她一下，看看她能否在只有一个专职招聘人员的情况下，带领团队一起完成这个困难的任务；另一方面，招来的人手，不一定能全部留下。早点招到足够的人手，就算有人走了，也不会耽误业务的开展，所以对招聘70个人的目标还是抱有一定期待的。

小E接到这个任务后，马上就召集团队成员开会，制订招聘方案。刚开始，团队整体看上去很有干劲。顾总很是欣慰，觉得这和小E在这段时间的改变有着很大的关系。

可是没几天，顾总就发现，可能是因为缺乏招聘经验，小E团队推荐上来的人总是和用人需求不相符，招聘进展并不顺利。这一现象使团队成员又开始对小E有些抱怨，并对招聘工作有了抵触情绪。

顾总对此很担心，虽然也想给小E时间调整，但是公司的业务状态实在等不起，所以希望我能让总部的招聘部，来协助小E的团队完成这个工作。

我很理解顾总的顾虑，于是就答应了他，在总部同时开启了招聘工作，并让总部与小E的团队协调好工作的开展进度，随时向我汇报。

只是没有想到总部的协助，激发了小E团队的积极性。一个月后，小E团队基本上是靠自己完成了全部的指标。这种快速的转变，让我和顾总既惊讶又好奇，小E究竟是如何做到快速扭转局面的？

小E后来给我们揭开了谜底。她说，开始当她发现只有自己忙不停，甚至在帮大家完成工作，大家不仅没有感激，反而开始对工作消极抵触，甚至是又开始私下对她抱怨不停时，她产生了很多的负面情绪，觉得自己的付出没有得到理解。

但是有了之前的经验，她快速地从这种委屈的情绪中走出来，按照我之前教她的方法开始分析问题，并找到形成问题的原因。后来，她发现团队成员之所以工作执行不到位，主要有以下三方面的问题。

1. 不知道为什么做这个工作

开始的时候这项工作在团队成员看来，仅仅是为了帮小E的忙，而对于他们自己，并没有什么特别的意义。由于前期小E工作方式的调整，团队的工作氛围已经大大改善。按照我之前的话说就是，关系的"储蓄"多了很多。所以大家也愿意配合小E，去做这项工作。

但在处理这次紧急任务时，小E并没有刻意让团队成员思考自己为什么要去做这个工作以及能在工作中收获什么。所以当团队成员碰到挫折和不顺利后，他们的投入和参与度就会大大降低，甚至是抵触、质问、敷衍了事。

2. 不知道这个工作做什么

开始的时候小E没有意识到，团队成员的工作经历、培训经历、能力各有不同。如果团队领导指令不明确、模糊，很有可能他们就真的不知道要做什么，只能凭着自己的理解去做，最后结果可能和开始的要求大相径庭。

小E一厢情愿地认为，大家都做了几年HR了，已经有了一些基本的招聘经验，所以，她只是给大家讲了招聘的流程，并没有具体说明这项工作该如何开展。于是，这也大大增加了团队成员的工作难度。

3. 不知道这个工作怎么做

当小E发现很多团队成员根本不知道，工作究竟该怎么做才能更好地落地时，又急匆匆地改变策略，变得事无巨细地过问。没想到，好心办了坏事，这样更加打击了员工的积极性，产生了更多的抵触情绪。最终，工作又回到了小E自己手里。

就是这三个问题，她没有及时解决好，才造成自己的工作越来越被动，员工情绪消极，抱怨声渐起，工作没法开展甚至陷入了僵局。

解决方案三步走（布置工作的诀窍）

于是，小E思考要解决这三个问题，就要制订相应的、有针对性的解决方案，也可以分为三步走。

首先要解决的，就是帮大家找到为什么要做这个工作的内在驱动力，恰巧这个时候总部要协同招聘的消息传来。

第一步：先来解决为什么做这个工作。

小E问了团队成员几个问题，请他们思考：倘若今天他们团队的任务这么容易被接手或者他们直接被其他团队取代，那他们的价值体现在哪里？如果他们所有的工作，总部的人员都可以轻松做得比他们更好，那他们这个部门对于总部以及分公司领导来说，是否还有存在的必要？

思考过后，团队成员还就如何打造不被轻易取代的团队价值和个人价值，展开了激烈的讨论。

这使得团队成员对这项工作的开展重新建立起共识，达成了一致的目标。在内在驱动找到后，做好这项工作的信念也变得坚定起来，参与度也大大提高了。

第二步：解决不知道这个工作是要做什么。

随后她开始了第二个步骤，重新给团队成员做工作开展说明，清晰地告知每一位成员：完成这个工作都有哪些关键点；这些关键点的具体内容都有什么。

比如：做职位招聘，有两个关键点比较重要，即对应聘者的经验要求和业务部门的面试后反馈。想要做好，首先就需要区分清楚，对应聘者的哪些经验要求，对业务部门来说是刚性需求且不可改变的，哪些又是可以适当放宽的。这样可以在短时间、同职位、大量招聘的情况下，避免简历有限、候选人无法及时补充的情况。

其次，对于业务部门面试后的反馈，要及时做复盘、梳理，不断地矫正招聘方向，这样能让团队成员筛选简历时做到更精准，不会在招聘方向上出现偏差。这些就是帮助团队成员解决这个招聘工作是要"做什么"的问题。

第三步：来解决不知道这个工作怎么做。

当然，要解决第三个问题，只有前两步是远远不够的。于是，小E把说明的工作做得很细。把"做什么"的目标再次进行拆分，来解决"怎么做"这一问题。也就是把大的工作目标拆分成小的，详细列出具体的执行要点，以便清楚告诉团队成员如何做。

比如：在业务部门自己说不清楚需求的时候，小E的团队成员应清楚如何区分他们的刚性需求。结合招聘市场现状，往哪些方向延展可以找到合适的候选人。业务部门面试结束后，团队成员应怎么复盘、怎么矫正招聘需求。诸如此类工作的细节，她都向团队作出了细致的讲解。

小E还会在每天下班前，让大家聚在一起，分享各自当天在招聘中碰到的困难与收获。这样操作下来，大家的工作积极性被很好地调动起来，都干劲十足；全体成员更是为了能保证任务完成，都自愿加班。这才让任务如期完成。

最后她还反思："我以前感觉布置工作很简单，就是提要求让他们去做就好，从没想过这里面还有这么多学问。现在才发现，只是向下属布置工作这件事就不简单，之前真的犯了不少错误，难怪他们当时对我有怨言，幸好我及时调整了工作方式。虽然这次经历了波折，但总算没误事。"

这段时间，小E在新的工作岗位上的变化，真的让我挺惊讶的，这么短的时间里就能有这样明显的进步。看着小E逐渐成长为一名合格的管理者，我真心为她感到高兴。

招聘实践派（经验输出，要可复制）

又过了一年左右，公司开始扩张，组织架构也发生了很大的变化。整个华北地区的业务都由顾总负责管理。小E的团队因为表现良好，从北京分公司人事部升级成为华北大区人力中心，负责支持整个华北地区的人力资源事务。

调整后顾总给小E的第一个任务，就是在不增加现有人手的情况下，提升华北地区的整体招聘效率，以配合华北地区的业务扩张。

但是华北地区下辖的分公司分散在众多城市，且因为规模小，并没有配专职招聘人员。以前都是文员和分公司总经理自己负责招聘工作，再出总部的招聘专员，来为其提供支持及指导，但由于总部自己的工作也很多，所以很难照顾到所有分公司。

这也造成分公司相关人员的整体招聘水平偏低。若想提升相关人员的招聘能力，就只能由小E他们来牵头，做好对相关人员的培训指导和监督工作。

所以，她提拔任命小D为招聘负责人，来着手负责该工作。小D的性格外向，虽然没有管理团队的经验，但是在招聘这个板块上，却做得很出色，总能按时按量地完成招聘工作；而且和各部门的沟通也做得很好。

只是没想到才过了几天，小D就去找小E，让她把自己的升职撤了。他觉得自己做不了管理，还是想做一名普通员工。后来才知道，小D觉得分公司的一个文员小姑娘，怎么做都达不到他的要求，于是把对方训哭了，小D自己也感觉很挫败。

于是，小E尝试把自己的管理经验教给小D，可是他死活就是不愿意再做了。

最后，小E找到了我："我尽力了，真是做不到，这比自己做管理还要难。小D觉得他教不会别人招聘，我也觉得我教不会他做管理。"她摊开手，皱着眉头，无奈地对我说。

我笑着对她说："都需要一个过程，自己会做管理不算真厉害，手下人都会做管理了，才是真厉害！"

看她无奈地笑笑，我接着说："从平常招聘工作中可以看出来，小D是一个争强好胜的人，上进心肯定是不缺的。缺的无非是两点，即'做管理的兴趣'和'复制经验的方法'。至于兴趣的激发，你自己想办法，我相信以你过往的经验可以找到方法，别想偷懒让我直接告诉你。

"至于复制经验的方法，你首先要先思考他的工作方式是什么样的，会在哪里遇到瓶颈。"

"他是一个实践主义者，不喜欢条条框框和纸上谈兵；喜欢在工作中不断保留和积累最优的解决方案。这是个好习惯，也确实帮助他在之前的工作中取得了出色的业绩；但缺点就是没法有效输出，让他人来学习。"她答道。

"那么，是什么阻碍了他实现有效输出呢？"我接着问道。

这次小E没回答我，只是用求助的眼神看着我，于是我接着说道："因为他的这些实践还停留在个人经验的层面，没法适用于所有人。想要变得可复制，让需要培训的一线人员学会，就必须把他过往的成功经验加以提炼，形成一个系统的知识体系。

"例如，他需要把过往成功的招聘经验有效输出，就需要先系统化地思考：做好招聘有哪几个关键点？在这些关键点上，他比别人做得好，是因为做对了什么？这些因素可否通用？如果不能通用，有没有别的方法可以替代？最终，将这些问题的答案整合成为如何才能高效做好招聘的知识体系，来进行培训，接受培训的一线人员才可能和小D一样高效落地。"

"也就是说，每个人的性格特点不同，因各自具有的优势也不同，所以，同样的经验培训可能会有不同的效果。小D最大的问题就是，把自己的经验直接输出，没有经过提炼，对方不一定能够有效吸收，才造成现在的问题。

"而我和他犯了一样的错误，教他管理的时候，选择了直接输出，没有做到因人而异。所以他学不进去，而我又教不会。"小E不好意思地说道。

小E回去后，没过多久华北地区的招聘培训工作就顺利地展开了。小D的表现很好，很多分公司的经理都夸奖他，文员们也都很喜欢他的招聘课程。

小E后来和我说，那天她回去后想了想，觉得小D很喜欢让周围人的目光都聚焦在自己身上。所以，自己就以这个为突破口，让他先准备一次培训课程，并且对课程提出了详细的要求，借此"逼"着他对自己的经验进行了提炼总结。

小D经过反复提炼和总结，将课程内容安排得浅显易懂，案例生动有趣，大家一下就被吸引了。课后很多分公司同事主动向他请教招聘的相关内容，使他特别有成就感，工作也变得更加积极主动，现在不仅不拒绝这个职位，还乐在其中了。

我知道我不要什么（95后、00后的管理方式）

一个电话会议后，小E就来到公司总部找企业文化主管李丽。

"你给我支支着儿吧！教教我，像你们这么大的孩子都在想什么。我快被新来的小孩气得无语了，真不知道现在的孩子都在想什么。我现在特想把他给马上开除。我已经很克制情绪了，可现在真的一分钟都不愿意再见到他。"一进办公室小E就气鼓鼓地坐在李丽对面吐槽道。李丽算是公司95后（00后）这一代员工中的优秀代表了，因为表现突出，刚进公司没多久，就从普通员工升职为主管。

小E的部门成员本来都是公司的老员工，没有95后（00后）。前段时间顾总突然叮嘱她说，新增的职位一定要选一个95后（00后），年轻人有创意，也可以给团队注入新的活力。小E面试好久才招到现在这个95后的男孩。顾总对这名新人的情况很满意，可这才一个月不到，怎么小E就如此气愤了呢？

李丽给她倒了一杯水问道："这是怎么了？这么大火气。发生啥事了？把你气成这样。"

小E马上开启了话匣子："我们招他来时，觉得这个孩子有才华、有创意，还想好好培养一下。结果你知道他平常怎么和我沟通？说得最多的话是什么吗？

"'凭什么这么做？为什么要做这个工作？这么做完全没意义。'

"有一次我在开会，就让他在六点十分帮我送份文件到会场。结果他来一句：'六点我就下班了，请你尽量在六点前结束会议。'搞得我还以为他是我领导。

"还有，我今天给他布置了一项工作，他给我来一句：'我不想做这个工作，我认为这么做没意义。'

"我的火一下就上来了，强压着火气问他：'那你认为什么有意义？你有更好的替代方案吗？'你猜他怎么回答？

"'不知道，我虽然不是很清楚我想要什么，但是我知道我不要什么。这个工作就不是我想做的。'

"你说气不气人？我这不是请了员工，是请了个祖宗回来。我实在受不了了，真想马上辞了他，不然我要少活好几年。"

李丽认真听完后斟酌着说道："我很理解你的感受，近几年如何管理95后（00后），成了各大管理论坛的热搜话题。很多领导都说，正在经历管理95后（00后）的'痛'。但其实我们也没有那么难管，我们只是喜欢独立思考，不受束缚、自由自在地做事情。

"我可以给你一些和他们相处的建议，你要不要听听？毕竟我们已经成为职场的生力军，这是不可逆的，你也不可能完全躲开。听完觉得有道理，你可以回去试试。说不定对这个小同志会有新认识呢。"

看小 E 点头，李丽就继续说道："和这一代的 95 后（00 后）相处，最重要的就是先倾听，听听他们的想法。这样他们会感觉自己无论想法对错，都得到了尊重；接下来你们双方沟通起来就会容易很多。如果一上来你就直接布置工作，很容易引起他们的抵触。另外，以下几点一定要特别注意。

"**第一，不要管理他，而是要影响他。**领导直接发号施令或教条化管理，对他们已经不管用了。可以让他先看看你是怎么工作的，进而再去影响他。毕竟人们总是习惯向比自己厉害的人学习，或者征询他们的建议，95 后也不例外。

"例如：你打算让他去做人力数据分析的工作，可以先示范一下这项工作该怎么做，比如你会怎么思考、分析以及为何这样思考和分析，把自己的专业优势展现给他看。只有他认同了你，才会甘心听你调遣。

"**第二，平等对话，要让他们有参与感。**这一代的 95 后（00 后）只喜欢做自己认可的事，真心投入后也会很勤奋、很努力。所以你就以平等的态度和他们沟通，多听听他们的意见，让他们有参与感。

"例如：你认为工作流程中有一些可优化的部分，以往你都是发现问题后就直接布置他们去改，他们对此可能会抵触或不服气；你现在可以先让他们自己阐述对这个问题的解决方案，让他们实际参与到决策过程中，他们的工作积极性就会提高很多，还会觉得你开明、平易近人。

"**第三，给他们更多话语权。**'初生牛犊不怕虎'，他们本来就思维活跃、喜欢创新、喜欢尝试，若你总觉得他们不靠谱、不切实际，就会打消他们的工作积极性；反之，给他们更多的授权，让他们自由发挥，你只提明确的要求，把控好时间节点就好，可能会有意料之外的惊喜。

"例如，你需要他策划一次员工活动，就明确告诉他：

- **具体要求**

"主题是什么？活动形式是什么？预算是多少？

- **考核标准**

"活动要达到多少人参与，活动达到什么标准才算合格或者优秀。

- **时间节点**

"活动什么时间开始？需要持续多久？方案初稿、终稿什么时间可以提交？如果提交不上来怎么处理？

- **明确双方责任，约定好彼此工作的边界**

"比如，他负责按时提交方案以及整个方案的落实，并对结果负责；你需要在过程中监督并对他给予指导。

"至于他在这一过程中怎么发挥，你不要去干涉。这样既给了他一定压力，也能发挥他们的长处。更有利于增加对你的好感和信任，何乐而不为！"

"唉！这可真是一个技术活，难度好大，我回去先试试吧！不行再说！"小E深深叹了一口气说道。

后来，小E再也没有提起想要辞退那名员工。而那名员工，对工作的态度也变得积极投入，总是自己主动加班，再没有和小E讨价还价，年底还被评为他所在部门的优秀员工。

管理"小白"的培训（先学管自己，再带他人）

经过了半年的业务扩张，华北地区增设了很多新的分公司，同时也出现了一批没有管理经验的管理"小白"。顾总希望小E能准备一堂培训课，把自己从普通员工到管理者的转变心得分享给他们。

小E立即着手进行课程的准备工作，课程名定为"管理者的形象管理"。顾总看完名称后皱起眉头，不解地问小E："'管理者的形象管理'是堂什么课？是不是要培训他们着装礼仪，让他们看上去像个管理者？"

小E笑着向顾总解释道："我最初对管理者的理解很片面，觉得只要掌握一些管理工作的方式、方法，就是一名合格的管理者了。可事实证明，如果真的想成为团队的核心人物，得到团队成员的信任、认可，光有这些还远远不够。

"必须要从自己平常的一言一行当中，塑造出管理者的形象，这是很重要的第一步，以传递给下属们可以信任你的信息。这个就是管理者的形象管理了。比如：开始的时候，如果工作推进得不顺利，我就会表现得很着急，希望可以快一点解决问题。可是却有人向我反馈，他们觉得这样的我，显得有点不可靠，每天看上去都很焦虑，不知道能不能胜任工作。

"从这个事情上可以看出，我和下属对一些问题的定义是完全不同的。站在员工的角度来看，不管这位领导本身的个性特点如何，他们都希望看到自己的领导具备诸如可信任、有担当、公平、善沟通等一些正面、积极的品质，这样才能真心地认可、信服他。

"所以，我就从这个角度进行了反思，怎么通过自我管理来约束自己的言行，在成为一个合格管理者的同时，将这个信息更好地传达给员工，真正赢得员工的认可。这个就是我设置这堂课程的初衷。"

顾总听后点点头，示意小E继续说下去，于是她接着说道："当然，这个课程的最终目标，不是让大家只满足于学会如何成功'扮演'一名管理者，而是真的变成一名管理者。所以，我会将自我管理中如下几个要点，重点给大家做讲解。

"**第一，自己的本能管理。**管理者不仅是一名执行者，更是一名决策者。很多时候管理者在决策的过程中是孤独而艰难的，会面对各种得失和不确定，内心中的虚荣、恐惧、贪心等各种情绪也会时不时跳出来干扰一下自己。

"比如：接手了一个需要多部门协调的项目，面对复杂的人际关系，每名管理者都会担心因处理不好而对自身造成影响。这个时候，是选择克服自己的恐惧，承担所有可能的责任和风险，让下属放手做呢？还是选择被恐惧掌控，自己退到后面，把下属推到前面呢？

"大家都知道，不同的选择会在团队中树立起不同的形象。可是，如何做出正确的决定，直面这些干扰内心的选择，对很多管理者来说，都不是一个容易的过程。

"怎样有意识地发现这种干扰，有针对性地摆脱或者减少这种干扰，也是管理者自我管理的一个重要课题。

"**第二，自己的精力管理。**管理者们总是被要求精力充沛、有担当。很多人认为，这就是要求管理者们不仅要吃苦耐劳，还要每天表现得积极向上，才能给团队树立好榜样，所以，加班成了家常便饭，压力大也都自己扛着，久而久之健康被严重'透支'。

"比如：有的人，因为健康出现'透支'状况而生病住院；有的人，因为像机器一样不停运转，而造成工作幸福指数很低，对工作产生了倦怠。这些情况不仅会导致工作中断和工作效率低下，也会对团队成员造成很大的影响。

"学会怎样照顾、善待自己，适当地放松，将工作和娱乐良好地结合，让身体得到很好的照顾，保证精力充沛，有良好且可持续的工作状态，对于管理者来说也是一个很重要的自我管理过程。

"**第三，自己的情绪管理。**很多时候，公司和团队都期望管理者拥有良好的情绪管理能力。为了不使大家的期待落空，有更好的工作结果，很多管理者都倾向于将自己压抑在工作中，于是就产生了各种各样的负面情绪，甚至会上升到自我怀疑、自我批判，让负面情绪不断在心中蔓延。

"甚至有人会因此产生严重的心理问题，诸如焦虑、抑郁等，不仅对自己的身心都造成很大的影响，同时也会影响到团队的氛围和工作状态，因为下属往往会对上司的情绪十分敏感。

"所以，管理者要学会正确地看待自己，接纳而不是压抑自己的情绪，用更正面、积极的态度来看待发生在周围的事情，才能在推进工作的同时保证自己的身心健康，也能减少对团队的影响。

"**第四，自己的时间管理**。管理者想要团队成员的工作能够高效开展，做到井井有条，自己要做好示范带头作用。

"比如，当多种任务同时并行推进时，时间短、任务重，管理者应如何规划工作，时间安排是怎样的，怎么达到最好的工作效果等，这些对于团队成员来说，都是一次很好的学习机会，如果管理者自己表现得很慌乱，摸不着头脑，那团队成员就更不知道工作该如何开展了。

"所以，管理者不仅要学习，更要在平时做好自己的时间管理，给团队树立良好的学习榜样。

"说到底，管理的道理很简单，就是'打铁必须自身硬'。自己把自己管理好了，事情都做到位了，才有底气要求别人，团队的成员也才会认可你。"

顾总听完后，非常认同小E的观点。于是，培训如期顺利地举行了。

　　培训后的反馈也很正面：大家原以为这次培训会讲授一些管理技巧，没想到是从自我管理的这个角度来进行。培训过程里有很多的案例讲解，也使得大家对自己即将要面临的挑战有了全新的认识。

三、小 E 的思维转变

要低头做事，也要抬头看天（转换管理视角）

　　一个周三的下午，我和小 E 一起，参加了一个人力资源论坛。论坛期间，我发觉小 E 显得有些心不在焉。

　　"怎么了，你不是早就想来参加这个论坛吗？怎么参加了又闷闷不乐的？"我轻声问她。

　　"我有些困惑，最近参加了几个人力资源的学习论坛，几乎所有的与会人员都在讨论 AI（人工智能）或 EHR（人力资源管理系统）在未来人力资源工作中的应用，感觉我们现在的很多基础操作性工作都将被取代，而且那些系统，似乎能比我们做得更好。

　　"我们现在的工作，主要分为三大类。

　　"● **基础实操类**，包含员工信息数据的录入维护、做工资、员工关系等。

"● **方案类**，为了实现某工作成果，而制订的定制化解决方案，比如：各部门绩效方案。

"● **战略规划类**，为配合公司的战略目标，而规划的相关支持性工作。

"基础实操类工作占到所有工作量的90%，方案类占了7%，战略规划类只占3%，也就是说，我几乎将所有的工作时间，都用于处理最容易被取代的基础实操类工作，看上去很忙，但是忙得似乎没有什么价值。这样下去，会不会过两年就被淘汰了？真不知道现在的工作价值和意义在哪里？"她沮丧地说。

"那你心中有意义、有价值的工作是什么样的呢？"我反问道。

"比如：多做一些方案或者战略规划类的工作，至少让自己在专业上面更精进。"她肯定地说道。

听到这句回答，我问她："目标很清晰，那现在是什么阻碍了你，让你没有更多地去做这方面的工作呢？"

小E思考了一会儿，随后说道："本来我想回复您的是，业务部门没有提那么多需求，我们又受工作范围的限制，没有机会发挥。可是后来又觉得这么说也不对，我们应该可以工作得更主动一些，把一些工作做到前面去，可还没有想清楚，具体应该怎么做。"

听她说完后我笑了，接着她的话说道："这是因为你看事情的视角没变，还停留在'忙—盲—茫'的阶段。把所有的关注点都放在事务性工作当中，而不是结果导向，所以感觉'琐碎''累''没有价值'。如果你能转换成管理视角，以结果为导向来审视现在的工作，你就能找到价值，也许工作重心也会有所不同？"

"转换管理视角，结果导向……"小E重复了一遍。我接着说："或者你可以想象一下，如果你是其他部门的同事，你会怎么评估人力资源部门的价值呢？"

"简单来说，就是看人力资源部门到底能给我提供哪些实质的帮助。我懂了，正是因为其他部门会用这种角度来看待我们人力资源的工作，所以我们也要用这种视角来审视自己。看怎样才能满足对方的需求，只有这样才能体现我们对他们的价值。"小E很开心地说道。

我点点头继续说："当你成为一个团队的领导者时，首先要学会转化视角，不能一味沉浸在低头做事当中，要学会时常抬头看天。你需要为自己的团队定方向、定策略。这决定了你将会如何做这份工作，如何带领你的团队以及能够做到什么样的程度。不能用战术上的勤奋，掩盖战略上的懒惰！这将是你作为团队领导者的必修课之一。"她听我说完后不好意思地笑了笑。

"你回去后可以好好思考一下：以给其他部门提供实质性帮助为目标，我们都需要做什么，怎么体现我们的价值。"我说完后，小E表示听着很有挑战性，说要回去好好思考一下，看看怎么调整。

后来顾总和我反馈：小E提交了一份新的工作规划给他，还附上了她自己的工作调整思路。虽然规划还有些不足之处，但是她的这种积极、主动从业务出发来调整工作思路的态度，让顾总很满意。

委屈的销售总监（考虑问题，要从结果出发）

小E的工作表现一直很不错，只是在专业上还有很多不足的地方。随着华北大区人力中心的工作范围增加，小E开始显得有些力不从心。和顾总商量后，我们决定重新从外部招聘一位人力总监，接手小E的工作，把小E重新调回总部，通过分管模块工作再历练历练。

小E也发现了自己专业上的欠缺，欣然同意了这个决定，并答应在新人力总监到位前兼顾两边的工作，逐步过渡。

这天早上我接到一通电话，大概内容是：新任的销售总监来了3个月，绩效一直都不好，他的直属领导比较忙，希望我先去和他聊聊，找找问题的原因。这位销售总监不是我招聘来的，但是工作中我与他有过很多接触，我个人对他印象不错。他的下属也和我说过，他是个好领导，对下属很照顾，肯培养员工，有时候也会把自己的业绩贡献出来，帮助员工在考核中过关。

但是他的直属领导却向我反馈，他最大的问题是没有担当起管理者的责任。部门的整体业绩，不但没有因为他的到来有起色，反而有些下滑。这样两种截然不同的反馈，让我对他绩效不好的原因有了一些想法。

我叫上了小E，希望她可以旁听，让她提前适应一下和高层管理人员的谈话氛围。

一开始，这名销售总监显得有些无奈和委屈：刚进入公司的时候，他也是对工作有很多热情和想法的，但是很快他就发现，自己的直属领导喜欢部门里的人相互竞争，似乎并不希望部门的掌控权落入他的手里；他的想法会被打压。慢慢地他就变得比较"佛系"了，不争不抢、不说话，默默把自己当成一个勤奋的销售人员，没想到领导还是对他不满。说着说着他的情绪开始变得比较激动。

我比较理解他的心情，所以先安慰了他一会儿，等他的情绪平缓一些，我接着问他："你的直属领导是公司的合伙人，对于部门的招聘有很大的自主权，他设置这个职位，给你这么高薪水，你觉得到底是什么原因呢？"听完这句话，他陷入了沉默。

看他迟迟不回应，我接着说道："如果仅仅是为了折腾你，把你变成一个高级销售，这样不仅浪费他的时间、精力、部门预算，还有什么其他意义呢？"说完后，我停顿了一下，想看看他的反应。

他依然没有回应我什么，但是表情有了明显的变化，可以看出我的话他还是听进去了。我继续说道："我相信他一直以来，还是期待你能领导团队提升业绩的，只是要用他认为合适的管理方式。"

这次，他终于开口对我说道："你觉得，他认为合适的管理方式，到底指的是什么？"

我笑笑反问他道："我听说你之前一直都是销售冠军，在其他公司也带领团队突破过很多销售记录，是不是也碰到过很难'攻克'的客户呢？如果今天你的领导就是你的客户，你会如何'攻克'他呢？"

谈到了他的过往业绩，他的情绪明显提升了很多，过了一会儿他自嘲地笑笑，说道："做了这么多年销售，关键时候把这些最基本的东西忘了，我想我知道问题在哪儿，该如何解决了。今天谢谢你，接下来我会尝试着调整一下自己的工作方式。"

说完，他明显轻松了很多，起身和我握手后就离开了，我们的谈话就这样顺利地结束了。小E好奇地问我："你说，他到底找到了什么解决方法？走的时候感觉底气十足的，和刚开始变化还挺大。"

我笑着答道："优秀的销售，总是能够很好地维系与各种不同性格客户的关系，并且一直能以很高的专业水准来满足对方在业务上的需求，因为优秀销售的目标很清晰——要顺利完成签单。这使得他们在对待客户时，能始终保持客观冷静，会想尽办法忽略个人情绪的干扰。

"但是在面对自己上司的时候，有时他们就很难保持同样的心态，所以会被自己大量的负面情绪影响，会烦躁、会抱怨。如果转换一下思路，把上司变成客户，他们就会知道，烦躁、抱怨是没有用的；要想改变现状，就要先了解上司的工作风格、工作要求，并据此确定有效的沟通合作方式。

"这时他们缺乏的不是应对事情的经验，而是需要有人能把他们从自我怀疑的消极情绪中拉出来，让他们可以理智、客观地看待问题。"

"原来如此。其实我觉得，只要是管理人员，不管是主管、经理、总监还是副总裁。上司对下属最基本的要求都是，拿工作成绩说话。他们认为，给你比别人高的工资和职位，是因为你能带来更好的工作成绩，能解决工作过程中的各种困难。

"有的领导掌控欲较强，不愿放权，就应该自己想办法去破解这一困局。

"首先，要清楚公司付你高薪，对你的期待就是，提升团队业绩，这是终极目标。领导的不放权、不支持，只是你达成目标路上的一个干扰项。怎么解决这个问题，以获得领导的认同、支持，正是体现你能力的地方。这样去考虑问题，就不会被消极情绪打搅。

"公司始终是需要盈利的。当你的工作没有结果时，再多的努力也会变得没有意义。所以作为一名管理者，一定要学会以结果为导向，时时审视自己的工作，以便及时调整方向，保证工作结果，不要将宝贵的时间浪费在纠结、抱怨上。领导你说对吧！"

听着小E慷慨激昂地说了一大堆，我调侃她道："看来你在大区那边锻炼得不错！都有这么高的觉悟了。"小E听后不好意思地笑笑，一个上午的时间就这样愉快地度过了。

一个月后，那位销售总监打电话给我，说自己做了调整后，领导对他的态度改变了很多。他针对团队调整的一些方案也得到了领导的支持。一切都在往好的方向发展，我也为他的转变而开心。

新项目的招聘计划（主动开路，拒绝被动等待）

炎夏到来之际，董事长突然说要筹备一个新的项目，让我们全力配合招聘，我一听到这个消息就开始焦虑。

因为公司业务不断扩张，整个招聘组的工作安排已经很满了。

而这个新项目需要的也不仅仅是招聘方面的支持，他们提出需求的岗位都是新岗位，薪酬体系也都不在原有体系内，很多工作都需要同时开展。

想来想去，我还是任命小E担任招聘组的负责人，兼任新项目的人力支持负责人。

她很爽快地答应了，并且答复我说，公司需要，她当然不会推辞，虽然是同样的工作，但所处的环境不同，所带来的挑战也会截然不同，没准会有不一样的收获。

听到她的回复后，我不禁有些感慨：那个在我办公室里因为被团队成员排挤而掉眼泪的小姑娘，经过了管理的历练，终于变得成熟了，做事积极、有章法，态度端正。

接下来我和她简单说了一下新项目的情况；并告诉她筹备项目

的会议在一周后举行，之后就放手让她去做了。

三天后小E找到我，说已经和筹备组的负责人简单沟通了一下对方的招聘需求。她目前最担心的就是招聘组工作量太大的问题，在这种情况下，不知道如何再承接更多工作。

为此，她把公司所有招聘的岗位做了一下梳理，发现很多业务部门提出的招聘需求，并不像有的岗位那么紧急。

但是招聘组的工作方式还是和以前一样，按提拔顺序进行，没有招聘重点。

为了解决这个问题，小E目前想了两个方法：一个方法是对全公司的招聘岗位重新进行梳理，分出优先级。让各个部门，每月初对岗位要求及其优先级进行确认，由部门领导签字认可。这样可以避免各部门中途随意变化，也可以把招聘组的时间和精力用在更紧急、重要的工作上。另一个办法就是，重新制定招聘人员的绩效考核体系，充分调动他们的积极性。如果这两个办法能配套实施，将会得到更好的效果。

小E能主动、快速地去发现工作中的痛点，规划如何做好这个工作，让我很是欣慰。在我的指导下，开项目会议的时候，小E不仅拿出了完整的招聘团队工作调整方案，还拿出了新项目竞品公司的相关人才流动情况和薪酬分析，获得了筹备部门及其领导的一致好评，极大地帮我减轻了压力。

后来她和我说，她觉得员工和管理者最大的不同在于，员工只要做好领导布置的工作，把自己的事做"专"，就是好员工了；而管理者则需要考虑领导的想法、公司的需求，提前做规划，同时还要兼顾下属的工作情绪和能力。想要什么结果，更应该积极、主动去创造、促成，不能被动等待，要及时转变思维，让自驱性深入工作骨髓。

以前她就是没有转变这种思维，导致员工思维方式时不时地冒出来，才会在工作的时候被动，忙得毫无头绪。有时还会觉得委屈，认为工作没有价值和意义，却没有认真想过为了让这个工作有意义，她可以做些什么。直到我问了她这个问题，才让她对到底要怎么做这份工作有了更深入的思考。

她现在认识到，作为管理者需要提升的地方真的是很多了，不仅要能给团队成员创造良好的工作环境，会带下属。还有最重要的一点：时时记得要学会自我管理，用管理者的思维来思考问题。这种自我提升的过程，每前进一步都很艰难，但每前进一步都会有很多收获。

听到她的总结，我感到开心，觉得她真的成长了。后来她的工作表现一直都很突出，逐渐成为我的副手，负责统筹整个部门的工作。在我离职后她也顺利地接替了我的职位。

|第二章|

部门内的问题你处理好了吗?

有人问我："当员工从管理'小白'蜕变成为成熟的管理者,是不是其管理能力就算修炼圆满了?"

答案是否定的。管理者在不同的阶段,会遇到和领导力相关的各种不同难度的管理考验。其中很多都来自团队内部,比如内耗、资源争斗、人心涣散等。如果处理不得当,不仅会让团队绩效低下,有时还会给公司带来不可挽回的损失。

所以,只有先解决了自己部门内的问题,才能有更多时间和精力去制订其他更为详细的工作计划。这对业务部门和人力部门来说,都是通用的法则。

本章将从HR(人力资源)的角度,对离职率激增、自成一体的小团队、部门合并等几类常见的工作场景，提出具体的解决方案，为业务部门解决相关问题，提供一些思路。

一、核心部门人员离职率激增

不"友善"的任务（组织架构诊断）

有一个理论叫作"路径依赖"，说的是出于对成本和利益的考虑，组织一旦以某种方式取得成功后，就容易对这种方式产生依赖。

我第一次听说这个理论时就在想，在现在这个不断变化的时代，这种"路径依赖"无疑是危险的。曾经成功的经验，可能随时都会成为问题的源头、行动的掣肘。只有居安思危，紧跟时代的发展及时作出调整，才能让组织避免发生"路径依赖"，一直保有活力。

有一次，董事长和我提起市场部门最近离职的人数较多，不知是什么原因，让我去重点关注一下，看看如何解决，当时，我才刚刚上任。

出现离职激增的诱因很多，比如：薪资绩效没满足期待；同事之间氛围不好；个人发展受限；和直属上司处不好关系；认为公司制度不公平等。无论以上哪个诱因导致了离职激增，对于我这个当时刚上任不到两天的"空降兵"来说，都不是一个容易解决的问题。

"这可真不是一个简单的任务！"我对此不禁有些感慨。自己还没站稳脚跟，对公司具体的运作和业务还不是很了解。自己都还没有融入本部门，与部门人员建立起信任，外部门更是没认识几个人，这些都意味着，要完成这个任务，我能直接得到的支持和信息少之又少。

但是不管心里怎么想，这都是我上任后的第一个考验，很多双眼睛都在盯着我，我没有后退的余地，只能想办法往前走。

仔细思考过后，我选择了从组织架构入手，从同事手中要来了一份员工信息表以及一份入（离）职人员汇总表。想通过对架构和人员情况的诊断，来获得我想要的信息。

有人会说，对于组织架构和人员情况的诊断，这是OD（Organisation Development，组织发展部）应负责的事情，由人力资源部门来做，难度系数太高。其实这里我们所说的"诊断"，具体是指对其中包含的信息，比如董事长对业务的布局、公司经营的思路、用人风格、部门负责人的用人特点以及部门排兵布阵的方法等诸如此类信息的筛选、分类、提炼、分析的过程。

这个过程能帮人力资源部门在短时间内获取大量的信息，为我们解决实际问题提供线索，制订规划提供依据，所以是一项非常有意义的工作。

具体可以按照以下步骤来进行。

第一步：先看组织的构成框架。

组织的构成框架可以显示出董事长对业务的布局以及对公司的管理思路。有人问，一个做人力资源的，为什么第一步先看这些？原因很简单，因为公司业务的布局会影响公司现金的来源；管理思路将决定我们对各部门人力资源的投放以及工作开展的方向。

比如：QC是一家行业头部企业，全部业务分为四个板块，分别由四位合伙人统管。其中，涉及主营业务的三大板块，都是随公司的整体发展而发展起来的。第四个板块的新兴业务，却是最近半年才开展的。通过以上信息，我们可以简单推断出，公司现在属于业务迭代期。这个迭代期很关键，将会影响公司未来的业务走向和市场定位，所以，董事长必然会投入大量金钱和人力资本，对它的期待值会很高。

再比如：涉及主营业务的三大板块，在部门设置上有所重叠，从组织架构图中一些调整的痕迹也可以看出，这些重叠的部门曾经合并过，不过现在又恢复了原状。这一定是有原因的，虽然现在还不知道是什么。所以想要推进诸如轮岗之类的，需要很多部门彼此配合的人力资源项目时，就要格外谨慎，否则阻力会很大。

第二步：把人员信息填入组织构成框架中。

看完了组织构成框架后，我们再将人员信息放进去（这种方法对部门诊断及规模不大的公司诊断，效果较好），如此就可以看出董事长或者部门负责人的用人特点。

比如：看看员工信息表，就知道第四板块的业务人员配置豪华，人数虽然不多，但全是猎头公司推荐来的新人，且最低都是经理级别。再看入（离）职人员信息表，我发现了一个很有意思的现象，即这个板块的部门负责人，在短短六个月中已经被动离职了两位，且都没有通过试用期。

从以上这些信息，我们可以看出，目前外部招聘来的高管，似乎无法满足董事长对新业务的期待，董事长应该对此有些焦急，合伙人才会频繁更换负责人。那么，这个问题就应该是他们目前最头疼的事情。

再比如：主要部门负责人的变动，这些负责人在公司的同一业务板块，服务年限都是十年以上。近半年以来，却有两位接连离职，刚好和公司新业务开展的时间重合。

我们可以猜测一下，董事长应该更倾向于在内部培养员工，可能属于挺重感情的一个人，也可能不太喜欢变化。由于在新业务开展时，这两位负责人没有得到内部晋升的机会，认为自己的职业生涯的发展可能会受限，所以不得已离职，去外部寻找新的可能性。

第三步：求证。

虽然我们可以从组织架构和人员信息表等众多信息中，凭着自己过往的工作经验，做出一些推论和猜测，但一定要记得去求证，不同公司的企业文化不同，造成同一现象的原因也可能不一样。

部门变化造成的冲击（架构、机制要跟上变化）

对公司的大致情况有了一些了解后，我心中总算是有了一些底，开始重点分析市场部的问题出在哪里，我发现市场部的部门构成有以下显著特点。

市场部是扁平式组织架构，如图2-1所示。

图2-1　市场部扁平式组织架构图

这种组织架构是有很多优点的：

（1）信息传递速度快、准确；

（2）便于直属上司及时了解一线情况；

（3）有利于解决团队内较复杂的问题。

但是缺点也很明显，容易产生以下问题：

（1）部门负责人的管理范围过大，包含8个部门，容易造成精力分散，难以对下级部门进行深入、具体的管理。

（2）团队规模的扩大，使得部门内部协调和意见达成一致变得更加困难。

（3）横向团队太多，跨团队配合问题多，容易责任推卸、互相扯皮。

（4）管理层级只分为三级，明显过少，如图2-2所示。

图2-2　市场部管理层级图

这种管理层级的设置可能会带来如下问题：

① 部门负责人负担过重，只得配备副职从旁协作。这样，正副职之间的职责不易划分清楚，可能产生争议；

② 管理层级较少，升职空间不大；

③ 同质性的平级太多，彼此之间竞争又不明显，只能把目光往上看。

（5）经理级别的员工是离职重点，该人群的特点如下：

① 公司内部培养，平均培养时间为3年；

② 升职后1年内为离职高峰期；

③ 这个级别的员工一旦离职，如新人还没有培养起来，就会造

成管理断层。本次就是因为4个经理集体离职，才引起了董事长的特别关注。

发现以上这些市场部的结构特点后，我大致猜测造成现在出现问题的原因极可能是：当部门以原有的架构和管理机制取得一定成功后，管理者们忽略了部门发生变化时，诸如工作内容调整、部门规模扩大、大量新员工进入等情况，会对原有团队带来的冲击。

管理者们没有及时意识到，团队需要新的机制和结构，才能保证它的稳定运转和持续产出。而各种问题经过不断发酵，才造成了今天的困难局面。

打破局面，焕发朝气的团队（调整架构、培育人才）

当然，这些都仅仅是我的猜测，实际情况到底如何，还是要求证的。于是，在得到主管合伙人的同意后，我和市场部的负责人进行了一次直接沟通。

市场部的总监，是一位瘦瘦高高的短发女士，看上去非常干练。得知我的来意后，她也非常配合地开始叙述部门中的问题，和我的推断差不多，这个部门成立之初因业务量不大，所以采用了扁平式组织架构进行管理，这种架构模式使部门业务运转起来灵活高效，因而就一直沿用至今。

可随着业务量不断增大，这位总监的管理精力已经跟不上了。部门基层员工在入职一年内是极为不稳定的，对基层员工的管理耗费了她大量的精力，有了副总监后能帮她分担一些，但主要管理职责还是在她身上。

于是，她就陷入了不断招聘、不断培养的循环中，感觉时间都花在了一些最基础的管理工作上，弄得身心俱疲且对自己的工作能力也开始产生怀疑。

听完她的话，我心中的解决方案逐渐清晰了起来。于是简单地和她沟通了调整组织架构、增加管理层级的一些想法，得到她初步的认可后，我决定再去拜访她下属的其中一个业务部门主管——吴总。

在这里要特别注意，有的人可能会觉得，应该先和业务部门负责人沟通，理顺想法后再去和其主管领导谈方案，会更加稳妥。这种操作其实是"空降兵"的大忌。比如，你新进入一家公司，大家都对你不了解，若你直接越过部门大领导直接和其下级负责人沟通，会显得不尊重部门大领导。即使是部门大领导直接授权你开展的工作，也一定要先和他打招呼，以表尊重。

其实解决方案如何制订，大领导一般都不太关心，他需要的只是一个结果。主管业务的领导则不同，自己的团队应该怎么管理、怎么布局，他们都十分在意，毕竟团队的好坏直接影响团队业绩。

让我比较意外的是，吴总是一个非常直爽、讲究效率的人。听我人致说了解决方案后，她就同意了，希望我们给出正式的方案初稿。

一周后，在我和部门负责人多次沟通之后终于达成了以下调整方案，具体如下。

1.调整市场部组织架构和管理层级（图2-3）。

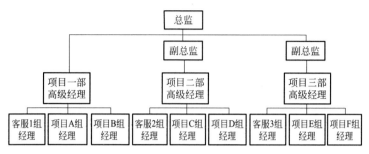

图2-3 市场部组织架构、管理层级调整图

这样调整的作用如下。

（1）增加了管理层级。多出了一个副总监、三个高级经理的职位，拓展了各层次职位的上升空间。

（2）增设团队PK机制：将项目一部设为精英部门，直接隶属总监管理，所有的资源向其倾斜，其团队成员将获得公司的重点培养和关注。人员由各项目部中的业绩优异者组成。这些人员如果绩效不达标，则回归之前的项目部。以此来增强部门团队战斗力，打造积极向上的竞争氛围。

（3）总监的管理范围缩小，使得管理更加高效，和副总监之间的职责划分更清晰，避免出现争议。

2.增加继任者培养计划。

除了以上调整外，为了避免再出现因离职而造成管理断层的情况。我们为每个管理职位都设置了继任者，并开展了继任者培养计划。

我们将一些需要跨部门合作的任务发布出来，分派给这些继任者，让其可自行组队完成。在任务执行的过程中上级领导会给予他们指导，帮助他们复盘，这样不仅可以提升他们的管理技能，也增加了业务的多元性。

方案的初稿出来后，基本没做调整，领导们很快就同意落地实施。但我并没有完全放下心来，领导们之所以很快就批准，更多的还是抱着观望的态度。大家的眼睛都盯在结果上，我也一样。

很快，市场部的工作氛围，因为这些调整发生了改变。整个团队重新焕发了朝气，项目部内的继任者计划，推行得也很顺利。

其中还有意外收获，当董事长看见继任者培养计划中，跨部门合作任务完成情况很好时，也有了新的想法，让市场部总监兼任了其中一个新部门的负责人，并给她配备了招聘专业能力强的人做副手。这样以新旧搭配的模式开展新业务，效果竟然特别好。这件董事长让我重点关注的事总算得到了圆满解决。

二、自成一体的小团体

"空降兵"的挑战（面对小团体是选择打破还是融入？）

作为一个管理岗位上的"空降兵"，所面临的融入既有团队的困难，并不比刚升职的管理者少。团队里的员工们会默契地聚在一起，观察着这个"空降"来的领导，对其的性格、工作能力、人际关系等，进行全方位的审视，以此来决定他们对这位新领导采取何种态度。如果团队内部本身就有抱团行为，已经形成了小团体。那"空降"来的领导，面临的就不仅是融入的问题，还可能会在工作安排上都遭遇挑战。

这个时候选择什么样的策略来应对就显得特别重要了。是选择打破？还是融入？还是改变他们的认知？无论选择哪一种策略，对于管理者来说都是一场考验。

在解决市场部问题的时候，我一直都很忙，没有太多的时间和自己的团队沟通。当我空下来准备融入这个新的团队时，发现团队内部的问题并不比市场部的好解决。

我所任的这个职位，已经空缺了好几年。在没有专业指导的情况下，为了让部门良性运转，团队内部形成了一个独特的小团体。这个小团体内部甚至有自己的决策机制及流程，并且团队成员都很有个性。

这一切都给我这个新上任的管理者增加了管理难度，而最难的是，无论我对团队中的哪一个人作出工作安排，这些安排都会马上进入他们自己的决策流程，由他们集体决定是执行还是敷衍甚至是挑衅。

这让我头疼不已，为了改变这个情况，打破这个小团体就显得迫在眉睫。是选择把团体内核心人员找借口开除，还是通过增加编制引入新人来制造"鲇鱼效应"？这两种方法各有利弊，让我很犹豫，迟迟下不了决心。

董事长在一次和我的闲聊中，有意无意地向我暗示了他对此事的看法，最后还意味深长地加了一句："水至清则无鱼"。我明白，他是想借此来告诉我，我心中所想的这种"打破"方式，他并不赞成；而且，这也不是最好的解决方式。

其实，待我冷静下来，仔细思考后也发现，这个团体有它自己的优点，比如，有责任心，自主性强，有自发解决问题的能力等。所以，我换了个思路，也许找方法来发挥这个团体的优势也是一种方法，不一定非要"打破"它。

随后，我重新看了一下团队里成员的简历，准备分别和他们做一次面谈，深入了解一下他们每个人的特点以及对工作的期待。用这种较为轻松、自在的方式，很快拉近了我们彼此间的距离，也降低了团队成员对我的戒心。但是我知道，这只能算是为接下来的工作开展做了一个铺垫。

这之后，我开始尝试用新的沟通方式，先给负责基础人事的小姑娘Kate布置了工作，通知她要改流程、制度和表单。可我刚说完，她就皱着眉头，质疑我道："领导，我听之前负责这个工作的同事说，每位新任人力资源总监（HRD），一进公司都喜欢改这些。虽然我也想不明白是为什么，但是现在用的入转调离表单是两年前才改好的，用着也挺好，我觉得现在'改'就是在做无用功。"反问、质疑，是目前团队成员与我的沟通方式，对此我已经做好了心理准备。而且，这次质疑我的语气已经比之前要缓和得多了，证明一切还是在往好的方向发展。

接着她的话，我继续问道："哦？表单的哪些方面让你感觉目前使用起来感觉还不错？能具体说说吗？"

"我理解的入转调离表单的主要作用是避免劳动争议。现在这套表单，比我看到的所有表单都要全面，该有的选项都有了。没有必要再改了呀。"她看着我说道。

"这样吧！你先拿着离职的表单，去各部门转转。你就说，我们现在要改各种流程表单，需要征求大家的意见，问问他们在平常使用的过程中，有什么用着不顺的、需要改进的地方。问完了我们再来讨论。"她听我这么说，看上去有点不情愿，但还是拿着表单走了。

为什么我要从改流程、制度、表单这项工作入手调整和团队成员的关系，这和我的任职方式很有关系，因为我是"空降"的，这个工作技巧，有类似状况的读者可以参考使用。

在进入一个新的工作环境的时候，要考虑好几个问题：怎么融入自己的团队；如何展现自己的能力；怎么取得董事长的信任；怎么不轻易碰触其他人的利益。所以，以改流程、制单、表单为切入点是很好的选择。

有人会说："培训和招聘，好出成绩啊！从这里入手不好吗？"我只能说可以尝试，但需谨慎。先说培训，想要做好培训，需要的前提条件很多，比如预算、资源、支持、讲师等。但许多董事长内心真实的感觉是培训很鸡肋，占用工作时间，花了钱，投入了那么多，最后的效果却不能和产出形成正比，因此对培训始终抱着怀疑的态度，所以支持度不会太高。在这种情况下，想要马上做出些成绩有点困难。

再说招聘，确实是个好的切入点。但是你也要先做具体分析，比如公司目前的招聘处于什么状态？造成这种状态的原因是什么？你有多大把握能改变这种状态。如果你的资源、能力没有处于绝对优势，就不要轻易开展招聘这项工作。

相较而言，"空降"来的领导从流程、制度入手融入团队最简单也最安全，也给了自己一个适应公司、团队的缓冲期。而且这部分工作是部门工作的基石，并没有看上去的那么简单，也可以体现你的工作能力。

制度流程有效性（转变小团体的集体认知）

过了一会儿Kate拿着表单，兴奋地来找我说："领导，我从来没有想到，各个部门对这份离职表单有这么多的意见。原来不同部门、不同职位，离职交接时都会有一些特殊的需求。

"我们提供的只是标准化表格，不太兼容，根本没法满足他们的需要，他们只能自己做交接单，附在离职表单后面。我征询他们意见的时候，他们提供了很多好的思路，让表格更有兼容性，令我茅塞顿开。还有人对我说：'总算等到了你'，让我挺不好意思的，之前真是有点自以为是了。"她说完就不好意思地笑了。

"你有没有听过最近有一个很流行的说法：我们身处乌卡（VUCA）时代。乌卡时代指的是易变不稳定（Volatile）、不确定性（Uncertain）、复杂性（Complex）和模糊（Ambiguous）的时代。

"在这个时代，唯一不变的就是变化，当环境、组织都在快速变化时，我们的流程、制度的有效期就会变短，只有随之改变，才能跟上节奏。这也要求我们得拥有快速成长的思维，不能故步自封哦！"我笑着说。

"嗯，那接下去我要做什么呢？是把入转调离的表格全部拿去再问一遍意见吗？"她跃跃欲试地说道。

"不用。我们稍后会统一制作一个调查反馈表，然后发给各个部门，将他们对流程、制度的意见汇总，再做集中修改调整。你要是想参与，就负责做这个调查表。你在平常工作中也多关注一下员工的意见和反馈。看看我们的工作还有没有什么提升的空间。"我说完，她立刻就答应了，回到了自己的座位上，开始了表格的设计工作。

这次Kate没有找任何人商量，也没有经过他们团队成员之间所谓的决策流程。其他团队成员没有阻止她也没有帮助她。大家似乎都把此事当作对我的一个考验，想看看这个事情最终会做成什么样子，来评定我是否值得被他们信赖。

很快，调查就如火如荼地展开了。反馈很多，小到各种表格的调整，大到总部和分公司的配合，涉及方方面面。最重要的是，让其他部门看到了，人力资源部门很重视大家的想法，更欢迎大家参与制度的建设，让流程和制度不再是冷冰冰的。

而我们所作出的一些调整，也给其他部门提供了便利，提高了沟通的效率。各部门的反馈很好，董事长一开心，就拨了一大笔团建费给我们，以资鼓励。

当团队成员看到将这样简单的工作做好、做扎实，也是能获得各种好评之后，对我的态度开始发生了微妙的转变。大家慢慢开始愿意请教我一两个问题，后来逐渐变成开始愿意主动听我的建议了。

但是，我知道这样的转变仅仅是代表他们对我的信任度在增加，从管理的角度来看，还远远不够。

当外界稍微有压力或者工作有挫折时，他们还是容易回到抱团的状态。而且他们也容易故步自封，不能吐故纳新充分发挥自己的潜能。

后来，我以人力部门要积极参与到实验项目为由，把他们分别派到市场部继任者培养计划的不同小组进行锻炼。

要求他们在完成本职工作的同时，和匹配到的小组成员一起以不同的角色参与各种跨部门的项目。这极大地锻炼了他们跨部门的合作能力、沟通能力，也让他们更深入地了解了业务部门的工作内容。

经过一段时间的锻炼，他们每个人的精神面貌都发生了很大的改变，他们不再把自己局限在小团体中。小团体原先的决策机制、流程，也逐渐被他们对自我和团队的新认知所替代。

他们思考事情变得更加有深度，格局也打开了不少。每个人的能力也得到了充分的发挥；而团队里各成员之间的关系，还是一如既往的融洽。

后来他们常常回忆那段时间的工作，跟我说当时真是太辛苦了，每天都睡不了几个小时，大脑天天都在超负荷运转，但是又觉得收获满满。

三、部门合并的风波

人力、行政部的突然合并（合并"积怨"已久的团队）

对于部门的合并，很多管理者都会感到头疼，因为它并不是"1+1=2"这么简单的事情。管理者不仅要保证所有的工作都能安排得公平、公正，不让员工产生厚此薄彼的感觉；还要让两个部门的员工彼此深入了解，消除隔阂，工作配合上能够形成默契。更要想着在合并后，如何最大化地发挥新部门的效能。但是，如果不幸碰上两个"积怨"已久的部门要进行合并，这个工作的难度就更大了。

进入QC工作1年后，董事长有一天突然说要和我聊聊。一上来，他就夸我进公司后表现得不错，工作能力强，用各种词汇不停地赞美我。这种夸奖让我心中隐隐不安，觉得有事要发生。果不其然，随后董事长就说，鉴于我能力强，他想要将人力资源部和行政部合并为一个新的部门交予我管理。

"我并没有管理行政部的经验，可能做不好。要不我帮您招一个好的行政负责人试试？"我推脱道。

"不用了，很多公司人力资源和行政都是一个部门，这也不是什么新鲜事，就不用再多花一个负责人的成本了。"董事长果断地拒绝了我。听到"成本"二字，我的心就坠入了谷底，明白了董事长此举是要节省预算。我除了接受别无他法。

部门准备合并的消息一出，人力资源部和行政部里就炸开了锅。我刚入职时，就听说这两个部门常有摩擦。但那段时间，大家的工作都太忙，倒是没有发生过什么冲突。不过人事经理Jean曾经向我抱怨过行政部门的各种问题。这让我意识到，消除双方的隔阂不是一件容易的事。现在这么突然就宣布合并，别说这两个部门的员工了，我都没有做好准备。

部门合并的通知刚发出一刻钟不到，人力资源部就派出Jean来我的办公室打探消息。

"领导，虽然我不太清楚，为什么上面非让我们两个部门合并，但是以后开会之类的能不能分开进行？尽量还保持各负责各的状态？"Jean试探道。

"这是你们商量的结果？为什么要这样呢？"我询问道。

"倒是没有商量，就是我们听说要合并，想法还挺统一的。您来的时间短，好多事情都不知道。行政的那个团队，他们自己专业能力不行，干不好工作，但推卸责任可是把好手，没事就喜欢向领导打我们的'小报告'。天天挤对我们，去年年会还故意把我们部门安排到了最后一桌。我们大家都挺反感他们的，不想和他们一起共事。"她愤愤地说道。

"我知道了，你先回去吧，让我考虑一下！"我回答道。

Jean前脚刚走，行政部经理Lisa就来了。她抱了一摞行政部的资料，说怕我不了解现在行政部工作的情况，就把电子文件给我发了一份，顺便带来了些纸质资料。我和她道完谢后，她依然没有离开的意思，坐在我对面欲言又止。

"是对部门合并有什么想法吗？"我率先打破了沉默。

"嗯，部门虽然合并了，但是我们还是希望能保持现状，各负责各的，不知道可不可以？"她问道。

"说说原因，是什么让你们希望保持原状？"我答道。

"人力资源部的人都太高傲了，不好相处。我们行政部的工作是为大家服务，但也不是当保姆或佣人。他们对我们说话都很不客气，就知道指挥人，我们可受不了这个气。虽然部门合并我们阻拦不了，但还是希望尽量互不干扰，不要闹什么矛盾。不知道是否可行？"

这倒是显得处处为我着想了。我随后用对Jean说的一样的话回答了她。她一走，我就下意识地揉了揉太阳穴。这还什么都没开始，大家就忙着来表达对立态度，真是让人头疼。

恰巧此时我需要出差去上海一周。我想用这一周时间多看看资料，了解一下行政的工作，也想先让他们尝试融合一下。没想到，在我出差后的第三天，Jean和Lisa因对员工活动的组织意见出现了严重分歧，竟然吵到了董事长那里（因为我不在公司）。

团队融合研讨会（相互了解，是消除误解的基石）

我刚回到公司，这两个人就又分别到了我的办公室，数落对方的不是，又说了很多我不知道的事情。说来说去，双方的矛盾还是集中在工作方式上，也没有什么真正的"深仇大恨"，不过是在工作中摩擦多了，积累了不少负面情绪。

两方的"矛盾"充分暴露了出来，在我看来是件好事。通过处理这些"矛盾"，让大家的注意力集中在工作上，也是个不错的管理方法。

我认为此时时机已成熟，于是准备以系列研讨会的形式，来完成两部门的团队融合。具体内容如下。

1. MBTI（职业性格测试量表）研讨会

团队融合的第一次研讨会，主题定为"了解他"。在会议之前，我对包括我自己在内的全体团队成员，用MBTI（职业性格测试量表）进行了一次性格测试，并公开了结果。我在研讨会中把两个部门的人打乱分组，用头脑风暴的方式来讨论，不同性格的人，彼此之间的差异有哪些，怎样才能够和对方更好地协作。

团队成员之间很多的误解和分歧，多数是因为性格的不同造成的。性格测试量表，则很好地帮助了非心理学专业的人士，了解不同性格的人们在日常生活、工作中的不同行为倾向。

这是一个平常大家都很感兴趣的话题，也起到了很好的破冰作用，让大家放下了平日里的隔阂，热烈地讨论了起来。让我比较惊讶的是，当研讨会结束的时候，团队成员之间的了解就已都有所加深，Jean和Lisa居然坐在了一起讨论着从对方那里学到的新东西。对这个结果，我感到很欣慰。

2. 练习如何吵架的研讨会

过了两周，随着Jean和Lisa之间的深入了解，她们的合作开始变得默契：Jean总是有很多创意十足的想法，而Lisa总是能为这些想法的可行性提供评估；团队的其他成员也都发生了一些改变。第一次研讨会的效果初步达成。

于是我召开了团队融合的第二次研讨会，主题定为"练习吵架"。团队成员之间的信任，可不是在你好我好之中就能轻易建立起来的，就像老话说的"不打不相识"。想要尽快加深融合，就要学会"有克制地交锋"。

我将"双方如何更好地配合员工活动"（我去上海出差期间，双方发生强烈分歧的事件）定为讨论主题。让大家各抒己见，甚至可以直接进入讨论。我不参与评判结果，让双方自己达成一致意见。我只为此次讨论定下了几点要求，具体如下：

- 发言中不准使用"我们""你们"等字眼，可以直接表达为"我的观点"。

- 不能在发言中故意挑衅，攻击对方。

- 讨论中要注意倾听，每次发言前要先肯定他人的发言，比如：这是个不错的想法，不过如果再加入一些其他的观点，是不是会更好呢？

大家刚开始发言时还有些别扭，不知道怎么表达。不过很快就找到了窍门，双方开始了有理有据的交锋，听上去像辩论赛，不过大家似乎都玩得不亦乐乎。

最后配合员工活动的方案达成时，Jean和Lisa在一边笑着说："其实挺简单的一件事，不知道当时怎么会闹得那么僵，现在想想挺傻的。"大家在一片笑声中圆满地结束了这次研讨会。

不久，双方又自发组织了一次会议，并邀请我列席；他们就**争议处理、信息分享、决策达成**等工作配合方式，达成了一系列的一致意见。

提高团队绩效（GRPI模型的使用）

经过了前两次研讨会的历练，团队的成员已经不像之前那样针锋相对了，相互之间有了一定的信任，配合上也有了默契。

我开始思考另一个问题：融合后的这个大部门，怎么才能达成高绩效？有同样困扰的朋友们，可以和我一样用咨询公司常用的模型GRPI（图2-4）来回看一下现在的团队。

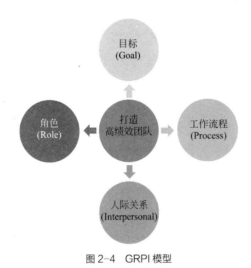

图2-4　GRPI 模型

GRPI模型包括目标（Goal）、角色（Role）、工作流程（Process）、人际关系（Interpersonal）几个部分。

其中，工作流程（指团队内部处理问题的机制，如，争议解决办法等）、人际关系（指团队内部成员间的相处氛围，我们已经通过前两次研讨会将其予以完善，也达成了一些共识）；现在缺的是团队目标（Goal）的设定、团队成员角色（Role）的划分。

所以，我召开了第三次研讨会，就"部门团队目标设定、成员角色划分"这个主题来进行重点讨论。

在我看来，既然最终的目标是要提高团队的绩效，那么，我们团队的目标设定就不能只是一个愿景，而应是具体、可衡量且能细化的目标。

我首先和团队成员一起讨论出了团队总目标——"建立服务型后台，为业务部门提供高质量的支撑"。

接下来的第二步，为了达成这个总目标，我们从组织、人才、环境、氛围四大维度来分析需要重点完成的工作，并且用项目管理的方式，列明这些重点工作，包括需要达成的工作目标、任务的时间节点、明确每项工作具体的责任人；让目标的推进得以系统化、可视化，可以时时复盘、时时监督。

第三步，我们开始讨论，针对团队的这些目标，需要拿什么具体指标来考核完成情况；随后，大家根据新的约定一起把部门所有职位说明书重新制作了一遍，更加明确各自的角色，同时签订了新的绩效书。

除了以上工作的约定外，部门还增加了很多团建活动，大家都相处得很愉快，部门的工作氛围好，工作的推进也顺利。到此，部门合并的风波总算是结束了。

突然想起某位公司董事长曾经说过的一句话："员工的幸福感提升，可以提高工作效率。但不一定是靠薪资和职位，提升办公室友谊也是获得良好办公氛围的重要方法之一。"

第三章

找到自己的角色定位——善变化

我曾听一位朋友提起，他们集团公司曾从一家知名的世界500强公司挖来一位CEO。这位CEO是一个极具个人魅力的人，用朋友的话说，简直就是每个人心目中理想的领导类型——谦逊有礼、关心下属、业务能力强。和他在一起工作，不仅开心而且总是能学到很多东西。

按照传统的对于管理者的理解，他绝对算得上是一个优秀的标杆人物。可就是这样的优秀人才在朋友所在的公司也没有待满一年，就落寞地离开了。对于他的离开，朋友曾经感慨地总结：个人影响力、凝聚力在组织中确实重要，但是想要在组织里站得稳、立得住，还需要能够处理好和上司的关系；善于应对不同环境，及时调整变换自己的角色，两者相辅相成，缺一不可。

这位前公司CEO的最大失误，就是没有和董事长处好关系，也没有按照公司的现实情况，及时变换自己的角色，对自己的行事方式及时做出调整，才造成在推行项目时，对公司内部的阻力判断失误，由此引发了后续的辞职事件。这样的事情，其实在管理者的日常工作中并不偶发，每个人都不是完人，管理者都可能犯管理上的错误。

但是对于我们人力资源工作者来说，最难的一点就是，当上级领导或者业务部门领导出现了这些管理上的失误，导致了一些和人相关的不良后果或者不好的影响时，我们该如何处理，才能将影响降到最低。

本章将会描述并讨论一些相关的工作场景，给大家提供一些应对思路。

一、维系好与上司关系

"空降"的 CEO（被削权了，要回避吗？）

有人说管理工作，是一门做人的学问——做人圆满，做事也就能够成功。所以，有的管理者会努力提升自己的领导力，成为下属心目中的好领导。

可是有些管理者对他自己的上司而言，则不一定是一个好下属。原因有很多，比如：怕和上司走太近，有"拍马屁"的嫌疑；或者觉得作为好下属的标准，就是把工作做好就行了，"维系与上司的关系"不属于岗位职责范畴等。

所以，造成了他们在工作中会有意和上司保持距离；考虑事情时，也容易忽略上司的一些心理需求，把握不好与上司相处的边界。这些原因都会导致他们在职场中和上司的关系不佳，在推进工作时，得不到后者的支持。

其实这个情况并非不可改变。管理者只要留心一下上司的行为模式，使用上司喜欢的沟通方式，就可改善与上司的职场关系。

那年，随着公司的发展需要，董事长开始亲自在全球范围内为公司物色新的CEO。

花了几个月的时间，经过了很多轮的筛选，最后好不容易才敲定了新CEO的人选——一位在业内颇有建树的女士。董事长诚意十足地邀请她加入公司，最终得以如愿。

她入职当天，董事长一早就吩咐我，一定要亲自给她办理入职手续，顺便为对方介绍一下公司的情况。初次见到她时，她穿着一身藏蓝色的套装，披肩长发，看上去很知性、优雅。这让大家对她的第一印象都很好。

董事长甚至为了欢迎她的到来，特别为其入职安排了一场高管会议，将她介绍给大家；同时宣布这位新CEO的工作范围，并将人事、财务、市场、销售等核心权力全部下放给她。

听到董事长的这些决定，我下意识地皱了一下眉头。虽然我不知道他们具体谈了什么入职条件。但是刚上任，彼此还没有深入了解，就将核心权力下放，似乎不太符合常理，看上去更像是某种试探。

新任CEO在专业领域的成绩给了公司投资方和广大股民很大信心；公司股价大涨，媒体给予公司的曝光度也在不断增加。看上去，公司确实因为这位新CEO的加入而收获很多，一切都在往好的方向发展。

可是，上司和下属之间，不论什么时候，始终都存在相互制衡的关系。他们双方各自有着自己的行为特点、心理需求，我对此很理解。所以，每一封工作邮件，我都会自觉地同时发送给董事长和CEO。因为我既不愿意参与到他们这种微妙的相互制衡的关系中，也不想在工作中越过别人心中的边界。

但这种微妙的状况并没有持续多久，很快董事长就找机会在管理会议上收回了人事和财务的管理权限，而给出的原因是为CEO减轻工作压力，希望她接下来利用技术的优势，在技术研发上多努努力，不必为琐碎的事情太分散精力。

明眼人都看得出来，这是董事长在找借口降低CEO的权限。CEO这时也明白了董事长的意图，开始淡出核心权力圈，只关心技术研发。

一些原本需要她配合的市场宣传活动，也都被她找借口推掉了。董事长此时又觉得她有些消极，于是找到我，让我想想办法，改变一下CEO的心态。

在我看来，他们二人所产生问题的根源，还是在CEO身上。我相信当初董事长邀请她的诚意是真的，想要发挥她的能力也是真的。但是CEO忽略了一个大前提，就是她需要让董事长安心。没有领导不怕被越权，没有领导不担心自己的权力被架空。

现在回过头来看，董事长第一次说下放权力的时候，真的就是一种试探。如果她能表达一下谦让的态度，比如在后续的工作开展中，多请示汇报，把一些重要决策的最终决定权交还给董事长让他安心，也就不会有后续的事情发生了。

好在现在两人的关系还没有太糟，董事长既然让我出面协调，就表明还未有放弃这位CEO的想法；而且这位CEO也确实是一位好领导，我也不希望她离开，只是有些话和建议不适合由我说出口。后来我思考了一下，说服董事长给她配备了一位管理学教练，来辅助她走出目前的职场困境。

在完成了第一个阶段的教练辅助后，她逐渐找到了和董事长之间配合的方法，开始能把握交接权力的界限。虽然人事和财务的权限还是在董事长那里，但是董事长渐渐地不再直接插手这两个部门的工作，而CEO也不会像之前那样一味地回避市场宣传类的活动，表面上看似乎一切又回到了正轨。

一封群发的邮件（沟通的 ACMLD 指导原则）

只是，这样的平静没有保持太长时间，就被一封群发的邮件打破了。邮件是一封匿名投诉信，大致内容是质问CEO，公司高管都没有遵守公司的规章制度，凭什么要求普通员工遵守这些规章制度。

这封邮件一下子把CEO推到了风口浪尖上。这个发出邮件的邮箱并不是公司的内部邮箱，而且公司的普通员工也没有向全体员工发邮件的权限，那么这个人是从何处获得全公司所有员工的邮箱地址的？

我带着这个疑问，第一时间就排查了有权限发邮件的员工。却意外地发现线索直指技术部，该部门员工可以通过修改后台的权限直接获取全体员工的邮件地址。所以，我猜想群发邮件事情的起源，应该是和CEO整顿技术部，导致有员工被惩罚后不服有关。

CEO找我了解了事情的来龙去脉，并询问我的意见。我分析：其实公司会定期收集员工的合理化建议，也会及时回复大家，且设有处理特殊事件的正规投诉渠道，但是这些渠道都需要实名。这个员工没有选择正规投诉渠道，而是选择匿名这种方式，明显只是想泄愤，给公司造成不好的影响。

对CEO而言，如果选择不回应，在短时间内大家私下的议论和质疑会变得更多，虽然时间长了事情也会淡化，可是这个事件会对CEO的个人形象和公司的公信度造成很大的影响。这种匿名投诉的方式以后可能还会被大家模仿。

如果选择正面、积极回应，表达出公司对这件事明确的态度，则可以把这件事变成一个给员工树立正确价值观的机会。但是应先行解决好部分高管不遵守规章制度的这件事，CEO需要和董事长沟通一下，看看如何表态比较好。

听完我的分析和建议后，CEO陷入了长时间的沉默。其实，我很理解她此时的尴尬处境——和董事长的关系才刚有好转，而这部分有特殊待遇的高管，不仅是董事长的心腹，也是董事长在公司的消息来源。若她出面向全体员工谈这件事，怕董事长会猜忌她的用心。最后，她还是选择了沉默，让这件事以不了了之来收尾。

我理解她的选择，但是对她的处理方式却不是很认同。后来向董事长汇报的时候，我也试探过他对此事的态度，在我看来，相较于那些拥有特殊待遇的高管，他更在乎的是CEO能否放下身段，来求教或者求助于他。

从这件事的处理上看，我看得出，董事长和CEO的沟通出现了很大的问题，大家都在小心翼翼地维护着表面的平和，守着自己的边界，但双方对彼此的信任都不足。

如果这样继续下去，可能会造成作为下属的我们，夹在两人当中左右为难。

一番思考过后，我还是决定用委婉的方式，给CEO提一些建议。毕竟她是我们的上司，说得太直接，可能会让她感到不舒服。

于是我找到CEO告诉她：现在在跨部门合作上，很多人都反映进行得不是很顺利。主要原因还是大家在相互配合时，在沟通上带有情绪。所以，我们想组织一场有关于沟通的培训，来改善这个问题，并把课程内容给她过目，希望她给点意见。

"沟通的ACMLD指导原则……"她小声地读着课程的简介，思索着（表3-1）……

表3-1　沟通的ACMLD指导原则

A	谈话之前要先**调整状态**（Adjustment status），及时察觉自己情绪的变化，尽量让情绪保持平静，告诉自己无论发生什么，都不用太在意，这只是一场沟通，没必要往心里去
C	在谈话中试着去**建立信任和安全感**（Cultivates trust and safety），比如：在谈话时，展现出对谈话方的尊重，及时认可和支持对方的想法，试着去理解对方的观点。这些都可以让对方感觉到这场谈话是可以友好进行的，有助于推动谈话目标的达成
M	在谈话中要和对方**保持同在**（Maintains presence），及时地专注、观察、回应对方，给对方留一定的思考、沉默的时间
L	在谈话中要**积极聆听**（Listens actively），关注对方的语气、用词以及肢体语言，思考对方沟通内容背后的含义，及时发现对方的情绪变化
D	在谈话中要和对方**直接沟通**（Direct communication），用简短的句子去表达、去询问"怎么做""做什么"。一定要向对方清晰地表达出自己的观点

我开始向她解释道："沟通是一个相互影响的过程。我们很容易忽略谈话时的情绪状态、谈话方式，通常都会反馈在对方的回应上；我们总是会下意识地认为，沟通出现问题都是对方的错，可这样的想法往往会激化双方的矛盾，并不能真正帮助我们解决问题。

"所以如果谈话没有结果，或者沟通过程中双方情绪激烈，就可以选择用这个指导原则来反思，看看自己是否应该再优化一下沟通的过程。毕竟我们沟通的最终目的，是达成一致的工作目标。这些是愤怒、抱怨、回避等负面情绪无法帮助的，这也是这次培训主要想表达的中心思想。"

她听完后点点头，对培训内容表示认可，就让我去组织了。临出门时，我看到她正在认真地看培训内容明细，心中想着，希望她能从中找到自己和董事长的沟通症结所在！

没过多久，公司果然出现了第二封群发邮件，这次投诉的是一个高管徇私舞弊，且言辞更为激烈。我们部门快速组织人手对该高管进行了调查，结果发现这次投诉完全是污蔑。我不得不再一次提醒CEO，这次不能再保持沉默了：今天这名造谣者可以随意通过群发邮件发泄自己的情绪，明天他不满意了，还会用这些邮箱做什么？谁也不知道。

我建议，她必须尽快和董事长就这两次事情的态度达成一致，做出一个积极的回应，表明公司的立场，把负面影响降到最低。

这次她没有犹豫，很快和董事长达成了一致，发了一封致全体员工的公开信。该公开信的主要内容包括：对高管不守规章制度、高管徇私舞弊这两件所谓的投诉做出了解释；对群发邮件泄愤、污蔑他人的员工，给予了辞退处理；建议全体员工，如果对公司有任何不满，一定要采用正规的途径实名举报，我们会认真对待，做好调查期间对举报人的保密工作。

这封公开信及时挽回了公司的声誉，清晰地表达了公司的态度，也遏制了这类事件再发生的势头。

后来经过这件事，董事长和这位新任CEO的沟通越来越好，双方的配合也越来越默契。但是我并不知道这和我当初委婉的建议是否有关系。直到有一天，CEO开玩笑地说，她和其他同事一样，从我的沟通课程中受益不少。我才确认当初的间接建议发挥了效果。

二、角色认知

被孤立的年轻副总（强势，不一定是好的管理策略）

在日常工作中，管理者在不同的工作场景里，扮演着不同角色。若管理者用错了角色，有时会造成冲突、误解、孤立或者工作推进受阻。

所以，管理者要能随时根据不同的工作场景，特定利益人群的心理需求，调整变化角色，才能更好地推进工作。这个要求，会随着管理者的级别越高而体现得越明显。

我在ZL时，某天早晨，CEO把我叫到他的办公室，要介绍新晋升的副总雷颖给我认识。

以前这位副总在西安分公司，我们并没有直接打过交道，只是听说她是一个很有能力的销售，升职到管理岗后，也把西安分公司打理得不错，深得CEO赏识。

雷颖给我的第一印象是年轻，实在太年轻了。她的实际年龄也不大，还有一张娃娃脸，看上去就像刚参加工作的学生。一身略显成熟、不符年龄的职业装，似乎是专门为了衬托她的职位而准备的。

这样一个年轻姑娘，之前只管理过一个20多人的小团队，就算她当时的业绩还不错，可是突然被越级提拔到这么高的位置上，一下子管理好几百人，她能胜任吗？她的职级甚至比我们这些总部各部门的负责人还高，其他人会配合她工作吗？我内心有着很多的问号。

CEO和董事会之间的关系一直很微妙，此时突然设立这个职位并选择雷颖来担任，一定有他自己的考量和深意，而公司内部恐怕也会因这位年轻副总的到来而产生不小的风波。

我们见面的过程还是比较愉快的，雷颖说话很得体且富有朝气，这次见面也给我留下了较好的印象。

只是在接下来不到一个月的时间里，公司总部各部门几乎被她得罪了个遍。据说，除了我们部门外，董事长天天收到各部门投诉她的邮件。大家开始对她爱答不理；工作上不配合、只推脱；在办公室说话时见到她，也把她当透明的，她逐渐被推到了一个孤立的位置上。

"领导，这个新来的雷总，官威也太大了吧！我快被她气'死'了。"我们部门负责薪酬绩效的经理气呼呼地坐到我身旁。

"怎么了？这么大火气？"我询问道。

"她说要做部门的预算，一会儿向我要这个表，一会儿向我要那个表；工资是保密的，是她说要就能给的吗？我总要先请示你们和CEO吧，和她解释，她就给我脸色看；我把表发给她，她一会儿让我把表调成这个样子，发她一版，一会儿就要改成那样发给她。

"我没有自己的工作要忙吗？我是专门负责伺候她的吗？她不会自己调整筛选数据啊，要是搞不懂这个预算怎么做，就自己去学学，别这么瞎折腾人。"看得出，负责薪酬绩效的经理真的被气得不轻，我安抚了她一会儿说，我会和雷总沟通的。这样她才离开，回到了自己的座位上。

以我的经验来看，雷颖绝对不是一个强势的管理者。我猜测，她如此表现可能也是一种策略——为了镇得住场，不让别的部门觉得她年轻，好欺负。但是，显然这个策略并不成功。

此时，CEO已经为此次副总的调任承担了很多的压力，我不想再给他添麻烦，所以发生类似今天这样的事时，我都是以安抚自己的下属为主，大事化小来解决。

但是，没过几天CEO就找我谈话，希望我能帮帮雷总。

CEO的看法是，一方面，因为雷颖缺乏管理经验，不懂怎样和其他部门和谐相处；另一方面，她对做人力预算规划之类的工作也比较陌生，处理起来难度较大。

对于CEO的这个提议，我是很犹豫的：这个雷总不仅身份敏感，现在又因与其他部门的尴尬关系而被推到了风口浪尖。

CEO看出了我的犹豫，说服我道："如果她在你的引导下，提升了管理方面的水平，那么对于你们两大部门日后的合作自然是会有很多助益的。"这个说法倒是一下子吸引了我。

在日常的工作中，各业务部门领导，由于在人力管理方面的知识存在欠缺，由此所引起的部门之间的误解、争议不在少数。如果这位副总，其管理水平能够在我的引导下得以提升，那么工作配合起来又会发生什么样的不同呢？我对此充满了好奇，于是就答应了下来。

一对一的辅导开始了（混乱的角色定位）

为了能让我的工作顺利开展，CEO以人力部门要深入了解一线业务部门的工作，才能更好地提供支持为由，让我和雷总一起工作一段时间。

这次见到我，雷颖比前一次多了一丝拘谨。"我们从哪开始？都做些什么呢？"她问道。

"放轻松些，我是来支持你工作的，不是你的老师。"我笑着安抚她，随后继续说道，"前面几天，你当我不存在就好，正常工作。在这个过程中，如果遇到有关人力的问题，可以随时问我。几天后，我会把我看到的一些问题，进行调研及反馈，再和你做详细的交流。"她听完后点了点头。

几天的时间过得很快，和这位雷副总近距离地一起工作后，我发现了几个有意思的现象。一个是，雷颖对待销售部内部人员的态度，和对待总部人员的态度有很大的区别。

在面对销售部一些分公司的总经理时，她态度谦逊，懂得尊重对方。在面对一些销售部老资历员工的无端挑衅和指责时，她也懂得隐忍。

但是，一旦面对的是总部职能部门，她就变得态度强势，语气咄咄逼人。

还有一点就是，销售部内部基层员工对她的评价，两极分化严重。她在西安分公司时带出来的员工，认为她态度谦和，对下属很关照，在乎下属的感受；而其他的员工，则普遍认为她高傲，不好接触，爱摆架子。

看着雷颖在不同场景的表现和员工对其评价的两极分化，我意识到她对如何担任高层管理职位（即在何种工作场景下应扮演何种角色）的理解出现了混乱。带着这些发现和反馈，我和她约了一个时间，准备好好谈谈。

我将谈话地点选在了公司的VIP接待室，这里有厚厚的羊绒地毯、舒适的沙发以及味道很淡的香薰。这些组合更能让人放松下来，打开心扉。

谈话伊始，我罗列了我的发现和收集到的反馈。她听完后沉默了一会儿，长叹了一口气，也开始向我诉说她的问题。

在西安分公司时，她感觉在和总部职能部门沟通时是最累的。为了能给自己所在的分公司多争取一些资源，常常要费时费力地和总部搞好关系，即使这样也不一定能得到好的结果。

以前她职位低，没有什么权限，只能向上反馈。现在她自己成为销售部门的领导了，就希望能强势一点，这样能给职能部门造成压力，为销售部门的同事及下属做一点实事，让职能部门能更好地支持销售一线的工作。

可是最后，职能部门孤立她、排挤她；部门内，大家对她的评价也越来越差。分公司经理和老资历员工的态度就更不用说了，她的上任毕竟影响了很多人的利益，他们有不满及负面情绪都是正常的。

最让她感到伤心的是销售部门的基层员工，不仅没有感觉到她为大家的付出，反而因为她不怎么接电话、回微信，就说她架子大、高傲，对她不满意，甚至在外传出各种风言风语，对她的升职原因进行诋毁，说她和CEO之间关系不正常等；如今，只有她原先分公司的下属支持她、鼓励她。

听到这里时，我开始心疼眼前这位年轻的姑娘。管理经验是需要时间积累的，这种突然而来的升职，对于太过年轻的她来说，需要面对的问题实在是太多太多了。这也让我发自内心地想要帮帮她。

重设角色（高管的自定义角色）

看到她说着说着，情绪变得越来越低落，我开始转移话题，希望她能从刚才的情绪中抽离出来。

"我在家里的时候，我爸妈都觉得我特别啰唆、烦人，总是管着他们，比如，他们出门前要为他们查好出行路线，还要时不时打电话确认他们有没有迷路。他们需要的东西，只要说出口就可以了，我会去上网挑好品牌、样式给他们买回来。劳心劳力的，但是总是不落好，他们就算收了东西，也没有表现得特别开心。

"他们总是抱怨我不给他们自由，于是他们自己偷偷和朋友学会了上网购物，买了一堆不是那么好的东西回来，却特别开心。这个事曾经一度让我很郁闷，你觉得我爸妈为什么会这样呢？"我问道。

她认真听完后说道："听上去感觉你不像是女儿，更像是父母。这个角色感觉不太对。一般不都是父母对儿女才会这样吗？你好像反过来了。是这个原因吗？"此刻她情绪平稳了很多，眨着眼睛看着我，期待着我的回答。

"是的，我感觉他们年纪大了，需要照顾，现在社会环境又远比他们年轻时复杂，很怕他们被骗，所以不自觉地就扮演了父母的角色。可是他们觉得自己又不是七老八十了，还有能力，也不是小孩子，自己可以做正确的决定，买到自己合适、喜欢的东西。于是我的关心成了他们最不喜欢的约束。"

看着她在点头，我接着问："你觉得这个事中我们之间的冲突主要在哪儿？"

"好像是你的角色定位混乱了，原本是女儿，却因为担心而把自己变成了父母。还有一点很关键，虽然你扮演了父母这个新的角色，但是你的父母并不认可。如果认可的话，就不会有冲突了，对吗？"她问道。

"对，角色定位的混乱，往往是造成人际矛盾的深层次原因。"我说道。

此刻，整个房间突然变得格外安静，雷颖陷入了长时间的沉默。我没有催她，只是起身帮她倒了一杯水，坐在她的身边，耐心地等着她。

过了很长一段时间，她抬起头，不太确定地对我说："仔细想想，我现在陷入的这些矛盾，好像也有很多是因为角色定位出了问题，是吗？我刚才回想了一下，感觉自己的角色更像是一个拥有更大权限的分公司经理，而不是一个副总。而且我把这个角色应用到了所有工作场景，没有加以区分。这是我面对这些困境的根源，对吗？"

"你说得对。在公司的不同发展阶段、不同工作场景，作为高管必须能够不断转换合适的角色，不能用一种角色应对所有工作场景。因为在不同场景中，人的态度会不同；说话和做事方式会不同；得到的结果自然也会不同。这就是我们常说的自定义角色能力，也是高管必备的能力之一。

"要想成功定义一个新角色，首先就要梳理清楚，这个角色最终要履行什么样的职责、完成什么样的任务、达成什么样的目标、和利益相关方是什么样的关系。梳理清楚，就能建立合适的角色了；还有一点非常重要，就是要传达给利益相关者，让这些相关者也理解。"我解释道。

"现在回过头来再看看销售部副总这个职位，在面对各个职能部门时，它应该是个什么角色呢？"我发问道。

"销售副总这个职位，最重要的职责，就是参与制定公司经营战略目标，据此制订销售计划，进行年度任务分解，优化部门的业务流程，提升部门的工作效率以及人员的能力。

"想要完成这些工作，光靠我自己是不够的，因为我缺乏相关的专业知识，这就需要其他专业的职能部门，提供相对应的专业解决方案，以及在工作中配合、帮助我。

"从这点看，我们之间是平等合作的关系，不能像之前那样简单粗暴地认为，我们销售部是公司的核心部门，其他部门要围着我们转。

"面对职能部门，我的角色应该是，能够很好地协调资源，与对方建立良好的合作关系，而不是凌驾于他们之上去发号施令甚至对抗、抢夺资源。"她思考后如此回答，我听完后点点头。

还没有等我继续发问，她接着说道："对当下我的情况进行分析，有四个最重要的利益相关者，分别为CEO、各职能部门、部门中层管理者、部门基层员工。如果我能按照刚才的流程，针对他们建立四个不同的角色，并且将这些角色清晰传达给他们，得到他们的认同，就可以解决当下的困境了。

"如果以后有其他不同工作场景的需要，我也可以随时根据情况来增加新的角色来应对，是这样吗？"

对于这个回答，我有点惊讶，她的悟性真的很好，这么快就能举一反三了。

"是的，一个职位可以有多个角色并存。能够快速地根据不同工作场景的需要，随时定义角色，才能更好地应对多变的外部环境。"我总结道。

谈话结束时，我看到她的眼中有一种光芒，似乎重新燃起了信心和斗志，和谈话开始时的她有了很大的不同。

回去后，她调整得很快。没过多久，各个职能部门开始接受她，其他人对她的态度也转变了很多。雷颖不愧是非常有能力的销售，只要想通了，在维护关系方面，真是一把好手。我内心不禁如此感慨道。

第二部分

从客户需求出发

——————

人力资源部在公司中的角色和医生有些类似，我们也需常常根据公司中所发生的具体情况"看诊""诊断""开药"。可是如果我们在面对服务对象（董事长／业务部门）时，没法和对方保持同频，既听不出也看不出他们致病的真正原因，又怎么能给对方提供合适的解决方案呢？

　　而如果我们只负责出方案，不教会他们如何用人力资源的方法去防患于未然，可能这次问题解决了，下一次同样的问题还会再出现，陷入不断的恶性循环，直至问题变得不可控。

　　在以下的章节里，我将日常工作中经常碰到的一些相关工作场景分享给大家，供大家参考、分析，望可为同行们"看诊""开药"提供更多思路。

第四章

与董事长/业务部门
对频道

　　"人力资源部的人，能干点实事吗？你们的工作能更贴近业务吗？"董事长和业务部门在面对我们时，诸如此类的抱怨从未停止过。

　　人力资源部想呈现自身的价值，得到其他部门的认可，顺利地推进工作，首先就需要用其他部门的语言来与其进行沟通，还要能读懂其他部门没说出口的隐含需求，精准定位他们的真正诉求；同时还要能从全局的角度出发，了解不同部门在系统中的位置及和相关部门之间的利益关系。

　　本章，我会从如何和董事长/业务部门沟通，如何取得他们的信任，如何调整自身贴近他们以及如何从全局来理解他们的需求等几方面出发，对推进工作需要考虑的因素进行阐述，希望能为大家提供多种工作思路。

一、用对方的语言沟通

开不完的绩效会议（与业务的语言保持同频）

刚忙完上午的工作，我给自己泡了一杯茶，想放松一下，空空脑子。此时，绩效经理Echo就急急忙忙地敲门进来。

"怎么了？慌慌张张的。"我皱着眉头问道。

"吴总说想要我去解释一下我们此次做的销售部门绩效考核的目的，还有具体的方案细节。领导，我想求您个事情，您和我一起去行吗？不会占用您太长时间，就一开始给我压压阵，之后您找个理由离开就好。

"这位吴总刚调回总部，关于他的传言可不少，都说他脾气火暴，我也刚升到这个位置，和这样的高层领导沟通经验不多，心里有点没底。"她怯怯地说。

"只此一次，以后你要学着自己沟通。"我说道。看她为难的样子，我也只能放弃休息，去帮帮她。

她拼命点头，于是带我去了和吴总约好的会议室。吴总坐在会议室里，他戴着眼镜，似乎不善言辞，表情有些严肃，整个会议室的气氛都显得有些压抑。我开始有点明白为什么Echo那么紧张，非要我来压阵了。

我和吴总寒暄了几句，基本了解了大概情况：吴总以前是管技术人员的，最近晋升为副总，公司决定把销售这块也交给他负责。

销售和技术这两个部门的差异实在有些大，他也很头疼。此次向我们了解一下销售部门的绩效考核，也是为了尽快熟悉这个部门的工作。

开场很顺利，接下来的沟通就交给了Echo。我本来有点不放心，想陪她开完会，不过中途接到了董事长的信息，找我开个紧急会议，我就只能离开了。三个小时后，我回到办公室还没有见到Echo，有点担心，就去了之前的会议室。

推门进去的时候，气氛实在有些不好，这三个小时的绩效会议开下来似乎没有得到什么成果。吴总和Echo坐着谁也不说话。吴总的脸色很不好看，Echo的表情显得有些无奈。

"这是怎么了？Echo，你是不是没有给吴总介绍清楚？"我开口打破尴尬的气氛，并给Echo使了个眼色，她马上会意道："我一直在和吴总解释，这次用KPI来考核销售部门所设置的指标库和选取的指标，估计是我解释得不够清楚。"

听她这么一说，我就明白了。技术部门的考核管理要比销售部门简单很多。所以，很多东西吴总都是第一次接触，Echo说得这么专业，他难免有听不懂的地方，又不好意思问，心情怎么可能好。

"Echo，说这么久了，吴总都没有水了，去再给吴总拿瓶水来。"她立刻明白了我的意思，马上出去了。

"吴总，Echo还年轻，可能有些时候表达不是太准确，您还有什么想知道的，可以直接问我，我来帮她解释。"我微笑着询问。在这种情况下，一定要先说自己人的不是，要给领导一个台阶下。

吴总紧皱的眉总算是舒展了一些。他向我解释，他希望了解这种考核对于销售部门到底有多大的助益，以及这个助益应如何衡量。

此时我也听明白了，吴总并不是真的想了解绩效考核，不过是借着这个由头，了解销售部门的运转特点。

"给销售部门做绩效考核，其实就是帮他们立个规矩。这个规矩，可以总结为八个字——'可上可下，可进可退'。规矩立好了，他们就能实现自运转，从这点上说，销售部门的管理和考核，其实比其他部门还要简单些。"我说道。

"哦？这种提法我还是第一次听说，什么是'可上可下，可进可退'？"吴总立刻来了兴趣，询问道。

"在销售团队里，原先对销售人员的考核就是业绩，你业绩上去了就给你更多的提成。可是，现在这种激励方式已经有些失效了。人们想要的不仅仅是金钱，还希望有成就感、有挑战以及有进取的目标。

"因此，我们在设计绩效的时候，就采用了阶梯的形式。就和玩游戏一样，你过了关就能向上升，获得相应的职位、荣誉、金钱、新的挑战等。同理，如果你业绩不好了，就降级，失去现有级别的一切。以此来鼓励团队成员，维护积极向上的工作氛围。这就是'可上可下'。

"'可进'指的就是，为那些想进入这个团队的人而设定的规则。比如，新招了一个员工，三个月的业绩指标达到多少才能证明他是有潜力的，留下来可以胜任工作。

"'可退'则是指达到哪些条件，这个人会被公司淘汰。这条很关键，它的设立可以避免一些劳动纠纷，更重要的是让团队成员始终有危机感，这种危机感既能保持团队活力，又能同时激励了团队，提升整体的战斗力。"我解释道。

"你们这个绩效设计得倒是很有意思。"吴总听完，终于展现了一丝笑容，满意地点点头。

随后，我又和Echo一起向吴总介绍了考核的指标设定，这次会议总算是有了个不错的结尾。

记得我刚开始做HR时，一学到专业术语，就会忙着向人炫耀，有时为了显得自己很专业，还会加上一些英文单词，中英文混着说，搞得周围的朋友都很烦，可我自己却一直感觉良好。

直到有一天，我的上司也受不了了，对我说："Jessica，真正厉害的人，会把专业的知识变成最简单直白的话语，而不是光想着炫耀术语。因为只有浅显易懂，才能让更多的人接受和理解。记住，沟通永远是双向的，要和对方保持同频。"

这句话对我的工作影响很大。这之后，有相当长的一段时间，我都会刻意地去练习，如何用浅显易懂的语言表达专业知识。

可是很快我又碰到了新的问题：很多人，尤其是一些工作技术含量较高的业务部门员工，都有说专业术语的习惯，不过人家可不是为了炫耀，而是为了简单直接地表达。所以，听不懂业务术语的HR要怎么办？

后来，我就养成了一进公司先学习业务部门专业表达的习惯，之后再和业务部门员工沟通就顺畅多了。

但在部门内部，我很少要求团队成员也和我一样。此次 Echo 所经历的这个事情，倒是给我提了一个醒。随后我给团队布置了以下两个练习作业。

● 练习怎样把专业术语说明白——

部门内部开会，彼此做工作沟通时都不许说专业术语，尽量用浅显易懂的语言表达自己的观点。

● 练习怎样把业务部门的专业术语听明白——

多和业务部门沟通，帮他们做一些力所能及的事情，学习、了解他们的专业术语。

同时，在部门内的会议里还加了一个互动小环节：拿出一个大家平常既说不明白也听不明白的事，头脑风暴一下，看最好的沟通方式是什么。

这样集中练习了一段时间后，团队成员和业务部门的沟通也变得越来越顺畅了。

透过现象看本质（做自己专业范围内的事，不越界）

有一次我和董事长闲聊，他问我："你觉得，身为一名HRD（人力资源总监），最需要具备的能力是什么？"

我心有感慨地说了一句："透过现象看本质。"

他似乎对我的回答有些诧异，继续问道："为什么？难道亲和力、专业能力都没这个重要吗？"

"您说的上述能力当然也很重要，只是因为HRD（人力资源总监）这个职位并不仅仅是一个专业岗位，还具备了很多的管理职责。管理者只有深入研究每个问题，不被表面现象迷惑，才能深挖到问题背后的东西，找出事物的本质，这样才可能做出正确的决策。

"举例来说，当行业整体环境不好的时候，公司还需不需要做招聘，如果大家只看表面，很容易就会得出'不需要'这个结论。

"但是再深入地想一想，站在公司的行业地位来思考这个问题，如果不做招聘了，公司内部的人会怎么想？会不会造成人心不稳？外界会不会对公司的实力产生怀疑？

"为了稳定人心，维护公司对外的形象，怎么做才最符合公司的战略发展，我认为这些才是一个HRD，真正需要考虑的问题。也就是我说的需要透过现象看本质的能力。"我如此总结道。

董事长听罢笑了笑，似乎很有感触地点点头，却没再说话。

过了几天，他带着我和三位创始合伙人一起开了个会，美其名曰"希望人力工作更好地深入到业务一线"。我心中却有些打鼓：要是目的真是如此，不是应该让各部门负责人都参加吗？这么高级别的会议，只有我一个总监参加，不知道董事长心中在想什么？

见面会开始，大家简单寒暄了几句，气氛还算融洽。随着一位合伙人貌似不经意地提到，招聘标准不能放得太宽后，会议的气氛开始变得有些剑拔弩张，几位合伙人之间隐隐有了针锋相对的架势。听着听着我算是明白了，这哪里是什么招聘标准的问题，分明是借着问题攻击对方呢！

董事长突然话锋一转，特别严肃地看着我说："招聘标准是要严把关的，刚好你来了，好好把这个工作重视起来。另外，你是专业人士，要多给各个合伙人支着儿，他们犯了错，你也要批评。"

我马上会意，说道："好的，我回去好好了解一下，做好招聘标准进一步优化的工作。"内心则无奈吐槽："批评？一个个官都比我大，我能批评谁？"

会后董事长把我单独留下，慢悠悠地和我唠起了家常，好像刚才什么事情都没有发生过一样。随后他说道："我心目中好的人力资源工作，标准很简单，就是要把公司的工作环境、氛围营造好，要和谐。当然，这只是我个人对人力资源工作的期待。"说完后，他还和蔼地冲我笑了一笑。

可我却一点都笑不出来，"和谐？"看刚才那个会议的气氛，这"和谐"的难度有点大。我和董事长聊了几句后就回到了自己的办公室。

各个合伙人都希望为自己所管辖的部门争取到更多的利益，这合情合理。问题就在于，这种情绪化、针锋相对的沟通模式并不能解决问题。

董事长表面上说，对我们人力资源工作的期待，是营造一个关系和谐的工作氛围。但实际上，董事长的目标，是希望我能配合他，帮助这些合伙人解决问题的同时，调和一下他们之间的矛盾。

考虑了一下后，我还是决定先去拜访合伙人 Alan。

Alan 是所有合伙人中相对年轻的一位，看上去很亲切，没有什么架子。他解释了一下那天会议冲突的起因：公司将新成立的业务部门交由他管辖，为了快速开展业务，他找朋友推荐了一个人来担任新部门的负责人。就是这么简单的一个事情，不知道哪里就和招聘标准有了冲突，他觉得莫名其妙。

听完他的解释后我说："所有'空降'到一个家新公司就职的人员，都会碰到适应及落地的问题。所以，我们在面试的时候，通常在考查候选人的专业能力后，还会对候选人的价值观、性格等方面做一系列评估，也是为了降低这方面的风险。如果让他直接入职，万一因为这些原因，影响发挥，做不出业绩，不仅会影响到新业务的开展，也会耽误您的业务拓展节奏。

"我的建议就是让他提前来公司一趟，我们把该走的招聘流程走一遍。同时我在这个职位再给您备两个候选人，让他们一起参加招聘面试。三位的面试情况，我都会给您出一份详细的评估报告，供您选择。到时您再决定用谁，这样别人也就没有什么可质疑的了，您觉得呢？"

Alan 听后很爽快地答应了，虽然最后他还是选择了朋友推荐的那位候选人。但是整个招聘流程都是公开透明的，董事长也参与了终试，其他人也就没再质疑。经过此事后，Alan 觉得我做事比较周全，专业度也高，对我的信任度提升了不少。

对其他合伙人，我也采取了相同的方法来与之沟通、交流。

渐渐地，其他合伙人对我的信任度也在逐步提升。我的建议和想法，他们也都愿意听一听，大部分与人力资源相关的问题，在我这个层面就解决了，没有再闹到董事长那里。

过了一段时间，我专门挑了一个时机，向董事长做了这段工作的汇报。当谈到企业文化的工作开展时，我不断强调，在专业范围内，我们做了哪些具体营造和谐氛围的工作。

董事长似乎知道我意有所指，笑笑说最近人力工作的开展基本符合他的期待，做得不错。此时我提到嗓子眼的心，总算是放了下来，问题算是基本解决了。

事后，我总结：解决此类问题时，一定要注意分寸，同时也要注意，董事长有时有话不直说，是为了给自己留一点余地。可是，如果过度解读董事长的话，只关注他所说的和谐关系，就盲目地大包大揽，做些自己专业领域之外的事，就容易越界，吃力不讨好，可能还会有被开除的风险。

合伙人之所以信任我，是因为我的立场中立，说话中肯，只为他们的问题提出解决方案，没有越界。在我的专业领域，他们才愿意听我的建议，愿意把人力资源方面的事情大事化小。

二、如何获得对方的信任？

声势浩大的"下马威"（面对业务部门的抵触情绪）

虽然人力资源部门在公司的角色，是内部解决方案的提供者。可是业务部门却不一定相信我们。

在需要工作配合的时候，也会有抵触情绪产生。有些人对我们的态度是爱答不理；有些人则是态度强硬；还有些人态度虽然很好，但是不说真话。想要改变这些，我们在工作开展之初，就要先取得对方的信任，这才是重中之重。

刚进入ZQ时，董事长告诉我，他希望对凌总的部门做一次大范围的组织调整，以期更好地促进业务的发展，期望人力资源部门能积极参与相关工作，而不再只是辅助，要发挥主导的积极作用。

对此我是有些担心的，这项工作我们能够取得何种成果，很大程度上取决于组织成员如何看待我们的角色，尤其是除了董事长以外，其他高层决策人员能不能打破对我们的固有印象信任我们。

在我向董事长表达了以上种种担忧后，他表示，这个调整是高层的一致决定，他会在背后全力支持我，让我不要有太大心理负担，做好本职工作即可；并且嘱咐我，有时间多和凌总沟通、请教，了解一下业务内容。

提到凌总，我下意识地揉了揉太阳穴。她是出名的"工作狂"，做事要求高，不苟言笑，是一个非常不好相处的领导。

但她是整个部门调整工作的核心，所以我还是要先去拜访一下，了解一下她对组织调整的想法。可是她实在是太忙了，我和她的助理约了几次都没有约上，只好回去等她的助理通知。

有一天，凌总的助理突然通知我，凌总有时间了，要我去会议室等她。凌总会同时叫上其他分部门的负责人一起来探讨此次部门的调整，于是我也带上了人事经理一同前往。

我们到达时会议室已经坐满了人，每个人的表情都十分严肃。凌总到了会议室后，随即就开始发言，既没有和我交流，更没有什么讨论组织调整的环节，只是大篇幅地数落人力资源部门过往的种种不力行为和她有多不满意，她的下属们则负责点头附和。然后会议就结束了，她匆匆地离开赶往了下一个会议。

等人都散了后，我的人事经理告诉我，她曾是凌总的助理，平常关系都很好，凌总从来都没有说过人力工作这么多的不是，今天不知道怎么了。我此刻立即就明白了，这是凌总给我的"下马威"。

我倒是很理解她的做法，我不知道高层是基于什么原因，选择要对凌总所辖部门进行调整，也不知道他们之间达成的所谓"一致"，其过程是怎么样的。事实就是，在凌总看来，一个刚进公司没多久的团队外部人员，要对自己的团队指手画脚，横插一杠，这多少都是让人不舒服的。

此刻她给我一个"下马威"，估计也是要提醒我，不要以为有董事长在背后支持，就太自以为是（虽然我还什么都没做），在她的部门，只有她才拥有最大的话语权。

原本我是想先和她聊聊，看这个工作怎么配合展开。董事长虽然说让我们人力资源部门发挥主导作用，但是我认为让一个职位比你高的人听你指挥本身就不太现实；而且谁主要谁次要，我并不看重，只要最后目标能达到就好。

看目前的情况，凌总对我的到来似乎充满了"敌意"和不信任。所以，不管我们将以什么角色或什么形式进行配合，首先需要解决的都是"信任"的问题。这将会是此次工作顺利开展的关键，也是对于我而言此项工作真正的第一步。

凌总本身是一个对工作要求很高的人。我仔细思考了一下，觉得如果想赢得她的信任，首先需要"懂"她，即知道她的部门现在在做什么、她在做什么、遇到的问题又有哪些。

其次，在和她谈话时，我要展现自己的专业性，让她看到我的能力，是能够真正帮助她解决问题的。

最后一点，也是很重要的一点，就是尊重她的想法或建议，让她感觉到我们是"盟友"，消除她的"敌意"。

思考后，我开始了对凌总部门的资料收集、分析工作。这些资料除了常规的人力方面的资料，例如人员构成、薪资构成、绩效、架构等外，还有近几年来公司对他们下达过的战略目标、业绩达成情况、市场地位及竞品情况。

很快，我就从一大堆的业务数据中发现了一些问题：凌总所辖部门的业务，属于公司的核心业务，多年来一直在行业中占主导地位。可是，公司这几年对凌总要求的业绩目标却有下降的趋势。我查了大量资料，发现这个下降趋势是市场大环境不景气造成的，同行的其他企业情况也基本类似。

业绩增长放缓，对于大部分成熟公司而言都会经历，通常公司会选择业务转型、开发新产品、提高生产效率这3种方法来应对。我公司把新业务部门交给凌总打理，并且加大了新产品研发力度，同时要对现有部门进行大的调整，正是这3种方法的体现。

但奇怪的是，我们用人的需求依然被旧的业务模式所主导，并没有随着业绩指标的下降而下降。虽然人均收入从表面上看和前几年没有太大的差异，可是人均利润却出现了明显的下滑趋势。

我猜测，这是因为中层管理者更关注眼前的利益（即，每年的业绩目标），在用人方面缺少规划，似乎认为只要能完成当下的业绩指标就行。这种想法可能是造成这个现象的主要原因之一，同时也是高层着急要推进部门调整的众多理由之一。

另外，部门之间的职能交叉和重复，不仅降低了工作效率，也增加了一线部门员工的对接难度。一线部门员工对此的抱怨和投诉很多，觉得上级部门官僚作风严重，一天中大部分时间，自己都在应付各部门的统计和各种表格。

除此以外，凌总所辖部门的人员，对于她的管理方式也颇有质疑：有人说她独断专行，不放权，喜欢下属各自为战；还有人说她脾气不好，典型的"顺我者昌，逆我者亡"，想在她手底下升职，不会溜须拍马可不行。

对此，我的看法有些不同，凌总是第一批和董事长一起创业的人，公司能达到今天的发展规模，她功不可没。将近20年的商界打拼，她带过的团队、经历的风波无数，所以，她不太可能如底下部门员工所描述的那样独裁、霸道。

每个人的性格不同，其管理方式也会不同。凌总喜欢下属之间有竞争，可能只是希望团队成员时刻有危机感。集权不一定就是独断专行，有时运用这种方法，能更好地对部门的工作进行掌控。

这些管理机制方面的问题都是可以优化的，只是作为核心业务部门的负责人，她需要决策的重要事情太多，这种锦上添花的事情，她目前关注得还不够。

收集并分析了这些资料后，我决定找机会从部门职能精简、用人需求战略规划这两方面和凌总再深入谈谈。

咖啡厅的对话（辅助业务部门负责人）

某一日午后，我刚开完午餐会，准备和凌总约一下沟通时间。当走到她办公区附近时，就看到凌总辖下主管产品研发的总监王力，从凌总办公室走出来，同时还大声地说道："不是你说的都是对的，如果你对我有这么多不满，那你就自己做吧！"随后就是一声重重的摔门声。

此刻大家都在午休，办公区里的人不多，我赶快退回到茶水间，避免此刻他撞见我尴尬。

王力是凌总的得力干将，大学一毕业就和凌总一起共事。他性格温和，和凌总的脾气反差很大，所以他们二人配合起来一直特别默契，凌总对他也十分信任。

这样一个"好好先生"，不知道是什么原因让他对着自己的老领导发了这么大火，看来今天我来得不是时候，需要换个时间了。

我决定先下楼去咖啡厅买咖啡，却正好看见发完脾气的王力在咖啡厅外区徘徊，神色疲惫。他的状态让我有些担心，于是我买了两杯咖啡走了过去。

"喝杯咖啡吧。"我把咖啡递给了他。

"你是听到什么风声了吗？"他接过咖啡疑惑地问我。

"风声？原来HR在你们心中都这么厉害啊！什么事都能收到风，还是你觉得我们部门八卦的能力异于常人。"我笑笑看着他。

他愣了一下，随即笑笑，低头喝了一口咖啡道："也没有，没什么。"他的表情在此刻放松了一些。

沉默了片刻后，他说道："你没什么想问的吗？"

"没有，不过如果你想聊聊，我可以做一个倾听者。"我认真地看着他。

他在开始说之前，先深深地呼了一口气，好像是为了让自己的大脑在纷乱的信息中得到片刻的放松；不过看上去，还是挺有效果的，他僵硬的身体舒展了一些。

"现在大概是我这么多年职业生涯中，最难熬的一段时间了。"他苦笑着，自嘲地开始诉说他的情况。

市场大环境不好，产品技术研发一下变成了所有人都关注的"焦点"：高层们希望加快产品研发升级工作，来应对市场的变化；销售部门的业绩不好，该部门人员便推脱说他们没有新产品吸引客户。似乎所有部门没有做好工作，都是因为新产品没有及时到位。

产品研发部门的同事知道这个时期公司需要新产品，所以天天加班加点，但研发一款市场受欢迎的产品，不是那么简单的。有好多天，他就整夜整晚地坐在办公室里不睡觉，看着日落日出，迷茫、无力的感觉充斥着他，可还是想着咬咬牙总能坚持下来。

只是，在这样艰难的时刻，他的直属上司凌总，却从来没有安慰或关心过他。以前他总认为和凌总之间这么多年的配合，默契和理解程度是别人比不了的。可现在，凌总却从来没有在其他部门指责王力时出言维护过他，任由这些部门数落他的不是，也没有和他解释过她这么做的原因。

凌总任由他自己承受所有的压力，好像他是万能的一样。他的脾气开始变得越来越暴躁，会在会议室和其他部门的同事拍桌子争吵，在家动不动就发脾气，妻子、家人只能小心翼翼地和他相处。

但是当着凌总的面，他还是选择把这些情绪压抑在心中，不对她表达出来，只是多了一些私下的抱怨和疏远。但是今天凌总的指责，成为压倒他情绪的最后一根稻草，他终于没控制住爆发了。

"你怎么看你现在的情况？"我问道。他表示，只是压力让他有喘不过气的感觉，控制不住脾气，并没有想针对谁，他很不喜欢现在这个好像时刻都会失控的自己。

说实话，我非常感谢他在此时对我是信任的，愿意把内心深处的想法说给我听。我让他试着像刚才那样，再做几次深呼吸，把他从刚才的叙述回忆中拉回到当下。

接着，我让他想象一下心中那个疲惫不堪的王力，请他以好朋友的身份，对那个王力多一些倾听，多一些理解和包容。我则退到不远处，给他留下独处的空间。

我在不远处看着，他又沉默了好一会儿。后来他告诉我，他从来没有这样和自己对话过；他感受到的压力，除了外部所带来的之外，更多的来自心中另一个严厉的自己。那个严厉的自己，不断要求完美，不断要求坚持，不允许他有丝毫后退的想法，他似乎是被他自己打倒的。说完他叹了一口气，又笑了笑，状态比刚才好了很多。

此后，我们又对他对压力的解读以及要求完美的行为模式做了一些讨论。谈完后他对我说，好像已经放松了不少，没有之前那么沉重了，情绪上也有了很明显的好转。

其实，业务部门负责人，在不同阶段都会面临不同的管理问题，有领导力方面的，也有情绪方面的。像王力这样，有时不能很好地处理这些问题，就会带来工作效率的下降、人际关系的恶化等一系列后续问题。

此时，就需要我们HR对此保持一定的敏感度，辅助他们以成长发展的心态，来看待自己的领导方式及情绪问题，才能助力他们突破面临的困境。

难得主动的约谈（获得业务部门的信任）

过了几天，我突然接到了凌总助理的电话，说凌总想要和我沟通一下组织调整方面的事情。如此主动的约谈，倒是和之前对我爱搭不理的情况形成了鲜明的对比，让我有点诧异。

理了理思路，我带上准备好的资料，第一次正式踏进了凌总的办公室。她坐办公椅上，表情比之前多了一丝柔和，客气地让助理帮我倒了一杯茶。

凌总一上来就直入主题："说说你对这次调整的看法。"她看着我说道，虽然态度没有了上次的犀利，但眼神里依然有着防备。

"我仔细地看了这几年公司的一些业务数据，发现了一些问题……"我将之前发现的有关问题一一说出。之所以选择从业务数据开始阐述我的观点，主要是考虑到凌总才是业务的专家，我身为一个外行如果随便下定义、做推论，弄不好会让她很反感。

从业务数据入手，可以让她看到，我对此认真、严谨的推论过程。即便对业务的分析有说得不对的地方，她也能更包容一些。

她一直认真地听着，偶尔点点头，中间并没有打断我。当我分析完问题后，她紧接着问道："如你所说，现在部门职能确实有重叠的情况，业务用人也缺乏一定的战略思维，那你觉得应该怎么解决呢？部门合并精简，一定会引发动荡，业务部门的运营思维也不是轻易就能改变的。你会从哪些方面下手，做哪些工作来改变这个情况？"

听到这个问题时，我突然产生了一种错觉，感觉自己不是在沟通汇报工作，而是在进行一场独特的面试。

"部门职能调整会引发动荡的主要原因，通常是因为大家害怕被裁员或者职位发生改变而失去现有的一切，最终被边缘化。那么，如果我们不裁员呢？也不强硬打破业务部门的惯用工作流程，只是建立一套新的用人规则，给他们多一种选择呢？"我说道。

"哦？说说看。"她饶有兴趣地说道。

"首先，在公司业绩增长放缓的情况下，人力的需求也应该予以配合，放缓增长。可以按照企业成长周期的划分方式，将公司的业务部门也分为四个阶段，即'孵化期、增长期、成熟期、蜕变期（衰退期）'，在年度用人需求总量不变的情况下，按照以上阶段给出各部门一个人员编制的指导比例，这个比例为1∶3∶5∶1。

"可以在架构调整后，推动被调整人员按照比例及以往自身的工作技能进入其他部门，让人员充分在内部流转起来，降低对外招聘需求。

"其次，针对业务部门业绩有淡、旺季，用人有波峰、波谷期的特点，我们可以根据不同的实际用工场景，利用一些可以租赁的职位，比如顾问、实习生、自由职业者等，进行灵活组合。

"让业务部门在人员使用上更有弹性，降低使用全职员工的成本。当然，这些构想都是初步的，要想落地还是要积极收集各部门的意见，不断地完善。"我说道。

"你说的我听明白了，我想想再答复你。"她听完后淡淡地说了一句。随后我就准备告辞离开，走到门口时，听到身后传来了凌总的声音："王力的事，谢谢你。"我转过头看着她愣了一下，她随后说道："你好像和公司之前招的人力总监不太一样，不过做得不错。"她笑了笑看着我。

之后董事长和我说，凌总在他面前一直夸我，说相信我们之间会配合得很好。他也终于放下心来，因为凌总之前和其他人力总监一直相处不好，他开始让我去做这个工作的时候，其实还是有些担心的。

听到董事长的话，我的心也踏实下来。现在，我才算是真正获得了参与这个调整项目的资格。

三、助力战略落地的定位转变

人力部 = 产品部（"刺猬理念"的应用）

如果我们人力资源部门对业务部门的支持，总是停留在为对方做诊断、找问题，而不看看自身存在的问题和所提供的支持是否能有效地和业务部门对接，就会让业务部门和我们之间产生很多问题。

"我们对业务部门做出调整，是为了更好地实现未来几年公司战略的落地。你们人力资源部门在此过程中的角色是重中之重。要能真正做到助力战略落地，自身的工作也要更主动、更贴近业务。"董事长在项目开始前，语重心长地和我说了这番话。

公司之前从来没有对部门有过任何类似的调整，现在突然有了这样的想法，我们该从哪里开始？我坐在楼下咖啡厅，陷入了沉思。

突然，我的脑海中冒出了一个想法——"刺猬理念"，于是快速回到办公室，拿出纸画出了下图（图4-1）。

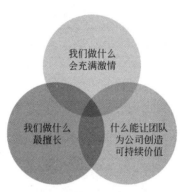

图4-1 "刺猬理念"三环图

"刺猬理念"，是指把事情尽量简单化，专注于自己的核心竞争力，并让其发挥指导或统帅的作用，来应对复杂多变的世界。如果我们梳理清楚该三环图中的内容，就自然能让团队工作的定位更加清晰，也会更容易应对多变的战略计划，并且辅助其落地。

首先，我们需要先看看，自己团队的成员觉得做什么是最有激情的。

我在团队里做了一个小调研：看看大家都是因为哪些理由选择了HR这个职业。在从事这个职业的过程中，最想实现的是什么？

做成哪些事会觉得有成就感？

对于为什么会选择这个职业，大家反馈的结果有很多，比如：有的人认为和行政比，HR 的职业道路更宽一些；有的人认为，HR 的主要工作就是沟通，沟通是门技术，学好了就可以有非常多的机会等。我发现在这些不尽相同的从业理由中，有一个共同点：他们都对人充满了兴趣，有着想要帮助他人的强烈意愿。

对于哪些是最想实现和做起来最有成就感的事情，大家的答案则趋同：**希望和我们部门的部门名称一样，让人能真正成为重要的资源，并在我们的帮助下，通过合理配置和使用，让这些资源在企业中发挥更大的价值。**谈到这个话题时，大家的眼中似乎都闪烁着光芒，好像对我说："看到了吗？我们对此充满激情。"

其次，在找到第一个圆圈中的答案后，我开始着手分析第二个圆圈中的问题，即我们做什么是最擅长的。

看到这个圆圈中的问题时，我想起的是：人力资源中的六大模块。

六大模块是一种较为传统、常规的，对于人力资源工作职能的划分方法（图4-2）。

今天，有人可能会对这种划分方法提出疑问，认为这样划分已经落伍了。可是，如果我们将"擅长"定义为：做起来不太费劲又能做得好的工作，那么对于我们现在这个传统的、没有经历过调整的团队来说，这六大模块涉及的工作，就是我们目前最擅长的。

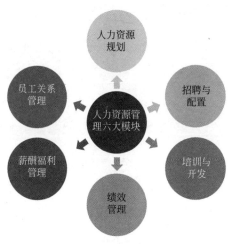

图4-2 人力资源管理六大模块

最后，再思考：我们该如何聚焦到最后一个圆圈中的问题，即，什么能让团队为公司创造可持续价值？

想到这部分时，王力所说的话又浮现在我的脑海。业务部门和传统人力资源部门，产生矛盾的核心点在于，业务部门觉得我们每天只关心"自己做了什么"，过于看重自己的专业，想突出自身的价值。但这一切都和他们业务部门无关，所以我们所谓的部门合作，在他们看来不过是可有可无的存在，甚至可以说是一种拖累。

虽然，这并非是我们愿意看见的，但这的确是公司对人力资源部门的定位及期待造成的。这种负面印象给我领导的HR部门带来了很多工作阻力。

我仔细思考了一下，如果想在当前的环境下打破这个负面的印象，为公司创造可持续价值，首先需要调整和转变的应该是工作思维（图4-3），应该把自己重新定义为公司的一个产品部，且是有产出的产品部。

图4-3　工作思维转变

传统人力资源部门的工作，对公司战略及相关业务产生的价值，其实是很难衡量的。这也是我们明明做了很多事却依然得不到业务部门重视的根本原因。比如，业务部门就总是质疑人力资源部："你们总说人力成本过高，要我们降低或控制人力成本，那如果天天盯着编制、成本，公司还要不要发展？不发展哪来的钱？没有钱公司怎么经营？"可事实上却是如因人力成本的升高，造成利润的降低，人力部门要承担主责。所以，这一切看上去矛盾重重，令人头疼。而这样的例子在实际工作中又比比皆是。

所以，如果依旧我们执着于我们做了什么、怎么做才能更专业或投入更多的时间和精力，研究如何构建更为专业的人力资源系统，对眼下改善与业务部门的关系并没有什么实质性的帮助，因为这些内容不能直接创造价值，只会让我们与业务部门的心理距离越来越远。

可是，如果我们能关注到我们能产出什么以及从产出来反向推理呢？就很容易得出结论了。比如：公司想要战略落地最需要的是合适的人，该人选还要能高效地执行战略。这样，我们对于公司战略目标和产出的可持续价值创造，就可以聚焦在人才的供应及人工效益（人工效益＝总收入／人工成本，指每投入1元人工成本带来的收入）的提升上。这也是我们为什么要转变工作思维的原因。

综上所述，我们团队的新定位也就呼之欲出了——通过将传统人力资源工作职能重新组合，着重聚焦在人才供应的优化、人工效益的提升上，以达到助力战略落地、为公司创造可持续价值的目标。

随后，在部门内部会议上，大家对如何实现人才供应的优化、人工效益的提升，都提出了不少好的建议，并且表现得跃跃欲试。董事长在看到我们这个新定位时也表示了赞同。

工作受阻了（专业性推动不了工作？）

有的HR在着手帮助业务部门解决问题时，第一反应总是怎么从专业出发，如何选择相对应的管理工具。可这么做了以后，依然发现工作受阻，问题也没有得到解决。

这时，我们想要将工作继续推进，就不能只局限在专业领域思考问题，要将思路打开。比如，从全局的角度去看，我们身处企业领域的特点是什么，以及身处其中的利益相关人之间的关系是什么。将这些理解透彻了，才能重新制订出有针对性的解决方案。

公司内的组织调整如期展开了，每个人手上的工作量都激增。我更是每天加班到很晚，这一天下班后，我收拾完东西准备离开，却发现还有一个办公室的灯亮着。

走近才发现是我们部门的蒋沁，正坐在办公室里眉头紧锁地发着呆，似乎碰到了什么难题。

在这一次的调整中，为了更好地辅助业务发展，蒋沁作为部门高潜力人才，被我派往事业部驻守，原本想锻炼一下她，不过现在看，似乎进展得不是很顺利。

我推门而入，蒋沁像是思绪被打断了，看着我愣了几秒，才说道："领导，您怎么还没下班？"

"你不是一样？怎么了？看上去工作进展得不是很顺利？"我关心地问道。

"确实碰到了一个问题，实在是没有想到什么好的解决办法。"她有些无奈地摊开手说道。

"还是职能划分导致两个事业部争执的事吗？"我询问道。她点点头。

蒋沁现在负责同时支持两个事业部。这两个部门之前的业务有一些交集，此次调整为了提升工作效率，要把有交集的部分做合并，划清归属。

但是这两个部门对此事一直没有达成一致意见，双方负责人更是争执不休。蒋沁夹在中间有些为难，又无法为其调和，无奈之下，她前几天发了一封求助邮件给事业部副总，分析了这个事情的起因和她对此事的处理想法，希望对方能帮忙调和，邮件同时抄送给了我。

"你觉得这件事卡在了哪里？"我向她询问道。

"我做了所有我能做的，可是事情似乎丝毫没有进展。"蒋沁低头说道，情绪有些低落。看着此刻的她，我像是看见了多年前的我，在处理这种问题时的无奈、无助。

我于是放下东西，坐到了她身旁说道："没关系的，每个人都会碰到这样的情况，我们一起来分析一下，看看怎么解决它。可以先说一下，你之前做过的努力吗？"我问道。

她点点头，开始述说这件事。有交集的业务合并后，她认为这部分业务应该归属事业部A才能更好地发挥它的作用，这一点和A事业部负责人的观点不谋而合。B事业部的负责人则并不认同这个做法，觉得她的想法有所偏颇，所以对她意见很大。只要开会讨论这件事，就都会不欢而散。

蒋沁认为这件事的关键点在B事业部负责人。如果对方能理解这件事，有所退让，这件事就可以顺利解决。所以，她想到的第一个解决办法，就是和B事业部的负责人好好谈谈。

为了这次谈话她准备了很多，比如：从人力资源管理的专业角度，阐述这样划分的依据；从业务长远发展前景来看，这样划分的好处；可是对方却表现得很敷衍，对她说的既不认同也不反对。结果，整个对话毫无进展。

于是，她又求助于B事业部负责人的助理，希望对方能帮着劝劝B事业部负责人，不能让这个事总是这样僵着。但是，整件事依然无甚进展。

蒋沁甚至为双方负责人撮合了一场非正式的饭局，希望双方能够敞开心扉畅谈，结果只要不谈这个话题，双方就有说有笑像什么也没发生一样；但是只要谈到这个话题，就马上换了态度，坚决的像根本没得商量。

所以，到底是什么原因让这个B事业部的负责人如此坚持。一番思考后，蒋沁猜测，最大的可能就是，这个B事业部负责人是新来的，他需要通过这件事树立自己的威信，表明态度。如果是这样，事情就难办了。

万般无奈下，蒋沁写了之前那封求助邮件给事业部副总，但是目前没有得到任何回应。这让她很焦急，她急的不仅是这个职能到底划分给谁，还有，现在双方对立的情况，让她其他的工作都没有办法开展。

说着说着，她眉头锁得更紧了，深深地叹了一口气。

画出关系图（利益相关者分析）

"没关系的，事情总会有解决办法。我们一起来找找。"我安慰她道，然后接着说："在你刚才说的那些事中，似乎有好几个人都和这件事相关。你能画一张图，把这些人都放入其中，并且标明他们相互之间的关系吗？"

"所有的人都要放入其中吗？"她询问道。

"对，只要你觉得有关系的，哪怕他在其中扮演的角色没有那么核心，都要放入图中。"我答道。

她拿出手边的空白A4纸，画出了下图（图4-4）。

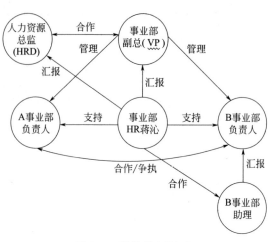

图 4-4　利益相关者分析图

　　看到她画完后停下笔，我接着问："在这张图中，你看到了什么？"

　　"原先我觉得这件事，好像就是我和 A 事业部、B 事业部的负责人三个人的事，关键核心人物就是 B 事业部的负责人。可是图一画出来之后，我就感觉这是一个大的系统，系统中包含很多人，这些人的角色不同，其影响力也不同，但是却或多或少地影响着整个事件的走向。"她说道。

　　我笑着点点头，接着说道："现在你在图上试着找出三类人，分别为这个事件解决得好，最大受益人是谁？谁对这个事有关键决策权，也就是最大决策人是谁？还有就是这个事的主要责任人是谁？"

　　于是，她思考了一会儿后，又拿着笔在图上做了新的标注。如

图4-5所示。

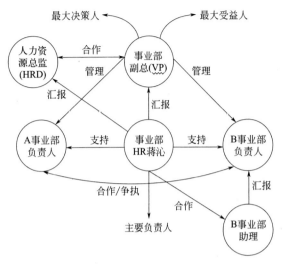

图4-5　利益相关者新角色标注图

"这太有意思了，这个结果和我之前想得完全不一样。这个图不仅把我脑中原本有些乱的思路清晰地呈现了出来，还让我想明白了，这个事的关键人根本就不是B事业部的负责人。我之前的努力方向似乎都错了，自然不会有结果。"蒋沁一扫之前低沉的情绪，开心得像个小孩子，指着图和我说。

刚说完，她似乎又想起了什么，困惑地说："可是，我向他求助了啊？我也写了详细的分析邮件，他并没有回复我，领导你也看了那封邮件，是我写得不好、不专业吗？"

"现在，你来给自己那封邮件的内容归个类，看看自己都写了哪几方面的内容。"我说道。

"我应该是写了三类内容。①这事的起因；②这个事，我支持A事业部负责人的专业依据；③这个事再僵持（对峙）下去，对部门的不利影响。"她认真地看着我回答道。

我接着问她："你觉得他不回复你邮件，可能是哪些原因呢？"

"可能他太忙、忘了，或者没顾上，这是一个原因。这个事情的重要程度对他而言没有那么高，就算继续僵持下去对他来说也是可以接受的，这也是一个原因。最后，我能想到的原因就是，在这件事上，他站得更高，想得更为长远，或者说，这样的僵持对他来说是件好事？"她带着这些疑虑看着我，想要从我这里得到一个准确的答案。

我没有直接回答她，只是接着问道："回顾你刚才的邮件内容，对比一下你想到的上述他可能不回复你的原因，你有什么新的发现吗？"

她沉默了一会儿，似乎在脑中不断做着对比，随后说道："我在邮件里写了太多的'我'，比如'我认为的专业''我认为很重要''我认为对团队影响很大'，所有的分析都是基于我的认知、我的判断、我的感受。而这些都未必是他关注的，我根本不知道他的关注点在哪里。好像他不回复也是应该的。"此时她自嘲地笑笑。

我很高兴在这么短的时间里，她可以这么快就理清思绪，有这样的认知提升。于是鼓励她道："没有人天生什么事都会做，都要经历从不会到会的过程。和刚才比，你已经有了很大的进步，对这个事情的认知也不同了。现在，我们只要重新调整一下沟通的方式就好。带着刚才你发现的这些内容，想一想之后你要如何和他沟通，取得他的帮助？"

"这一次，我可能不会那么着急向他求助了；我要多参加业务会议，和部门内的人多聊聊，收集一下信息；看看副总目前最关心的事情是什么？试着站在他的角度，再看看这件事，然后再去和副总沟通。不过现在思路清晰了，也不那么着急、焦虑了。"她笑着说道。

"那就好，现在先下班回家吧！事情总要一件一件解决的，但是也要注意休息。"我拉着她走出了办公室，结束了这一天的工作。

过了几天，她开心地和我说，事情已经圆满解决了。她更多地了解了业务后，才发现自己之前考虑的东西太片面了。当她试着从当前业务痛点的角度再回看这个职能的划分，就发现了一些新的问题。针对这些发现，她对之前的邮件内容做了修改后，再次和事业部副总进行了沟通，很容易就取得了他的支持。

她告诉我，这次经历令她有特别多的收获，非常感谢我陪着她画图，引导她理清思路。我也由衷地为她的进步感到高兴。

会后的闲聊（在系统中看问题）

两个多月的时间一晃而过，各部门的调整工作也逐渐走上了正轨。连着开完两场会议，回到办公室后，我望向窗外，想放松一下心情。窗外金黄的落叶和湛蓝的天空，在色彩上形成了鲜明的对比，一切都是那么美。

突然，一阵敲门声把我从窗外的美景中拉了回来，让我回过了神。随后，蒋沁就出现在我的面前。

"怎么了？这回又想让我陪你画图吗？"我调侃她道。

"没有啦！就是有个问题想要请教。"她不好意思地笑着答道。

"说说，这回又碰到什么新问题了？"我说着，给她倒了一杯水。

"我现在在事业部工作，感觉和之前有很大的不同。以前，我的工作只汇报给您就可以了，您做了决定之后我去执行。

"可是现在，我既要汇报给事业部副总，又要汇报给两个事业部的负责人。感觉决策过程比之前复杂了很多，如果碰到他们三方意见不统一的时候，我就会被夹在当中很为难，不知道怎么推进。

"有了您上次那个利益相关者关系图的工具后，思路是比之前清晰了很多。可是还是经常会碰到被卡住而不知道怎么推进的情况。

"比如，事业部副总说要增加编制，A、B事业部的负责人心里是不同意的，但两位部门负责人表面上又不表现出来。只要给他们招聘，他们就变着法说这个人不合适，不要。可等到事业部副总问起来，他们又说我这边对招聘精准度的把握出了问题。

"可是，我觉得根本原因，是他们三个人之间的沟通出了问题，无法达成一致，而我则无辜被推出来'背锅'，这只是其中一个让我觉得很无奈的例子。"说完她用求助的眼神看着我。

因为我还有个会要开，能和她沟通的时间有限。这次，我没有采用引导的方式，而是直接利用白板开始给她讲解。

推进工作的完成＝专业度（经验、技巧、工具、模型）－干扰项（系统中各人的诉求）。

我在白板上先写下了这个公式，然后跟她解释道：

"我们想要顺利地推进工作，所需要的东西看上去很多，比如，领导的支持、预算等，但是核心还是在自身的专业素养上，例如，你有没有具备推进这方面工作的经验、技巧、工具、模型等。

"这个道理我们都懂，所以才会常常陷入另一个误区，把所有的注意力都放在了'怎么做才能更专业'上，忽略了一个很重要的点，就是**怎么做才能排除干扰项**。

"而这个干扰项，就是在公司这个大系统中不同角色的人以及他们不同的诉求。如果你只站在自己的角度看问题，而不是在系统中看问题，就看不到问题的全貌，自然也找不到排除干扰项的方法。

"要排除这些干扰项，你第一步需要做的，就是把系统中的相关人员都列出来，再逐个分析他们的诉求，根据诉求来制定相应的沟通策略。"我在白板上画下了这张图（图4-6）。

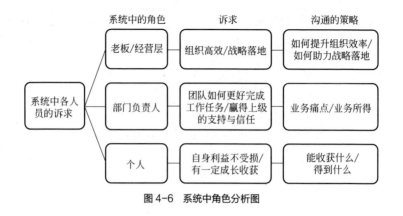

图4-6 系统中角色分析图

"可是，有时有的角色是同时拥有多个诉求啊？"她突然问道。

"这是个非常好的问题，所以我上面所说的是系统中的角色而不是职位。准确地说，有可能一个职位拥有多个角色，比如，公司经营层的合伙人，可能同时也是部门负责人，他除了关心战略外，也关心团队如何完成工作任务，此外还有可能他也十分关心自己的得失。

"这个就需要你根据不同的场景去做判断，判断对方当下是什么角色，然后采用与之相对应的沟通策略。"我说道。

我坐回到座位上，向她问道："对照这个图，再回看你刚才所说的招聘问题，你有什么新发现吗？"

"嗯，事业部副总从战略的角度出发，认为需要增加编制；可是部门负责人，则不认同这个做法能让团队更好地完成业绩，同时也担心部门里的人多了，如果没有完成更多的业绩，会造成人均创收降低，影响他们个人的绩效考核，所以才会不配合。

"其中，部门负责人同时有两个角色——部门负责人和个人。如果我想在中间调和，让他们配合，就要找到理据分别从团队和个人两个层面来消除他们的担心和顾虑。解决了这个干扰项，这个工作才能正常推进。"她答道，我微笑着看着她点点头。

她突然感慨地说道："从这个系统中看问题，再加上上次您教给我的利益相关者分析图。我突然感觉，好像以后没有什么问题能难倒我了；我也发现，自己以前有一点点小骄傲，总是感觉在人员管理方面，自己才是专业的。

"如果碰到对方不配合，或者工作不能顺利开展，内心总是感觉他们不够专业甚至是故意捣乱才会这样。现在想想，如果换个角色，同时有多种诉求，我可能也会和他们做出相同的选择。之前有点自以为是了，还是没有看懂这个事情，更没有看清这个事情背后的人，就轻易下了结论。"

"你能有这样的感悟，已经领先别人很多了，回去好好工作吧！我相信你会越做越好的。"我笑笑回答她。

又过了两个月，公司整体的调整结束后，蒋沁得到了事业部上下的一致认可，很快就得到了晋升，我也为她能够有这么大的进步而感到欣慰。

| 第五章 |

助力业务部门做
人力规划

提升公司内部人员的管理水平，需要所有部门都参与其中；尤其是业务部门负责人，更需要加强对人力资源管理及相关知识的了解。

可是在实际工作中，我们最常碰到的情况却是：很少有业务部门的负责人会在繁重的工作之余有意识地去花时间学习相关的知识。所以，在无法解决团队内出现的问题时，稍有不慎就会出现团队绩效无法达成，人员士气、效率低下等一系列问题。

为了改善这些情况，我们只能在平常的工作中，竭尽所能给予他们一定的帮助。

本章主要讲述，我们是如何帮助新晋升的管理人员用人力资源的方式，解决所碰到的关于人员规划、管控及选、育、用、留等问题，也为读者们能有效开展相关工作提供一些思路。

一、新任业务"老大"是人力管理"小白"（一）（人员规划，管控）

分公司经理的要求（人员规模控制）

自从我陪伴新任副总雷颖度过了升职适应期后。她知道我是在真心地支持她，对我很信任，态度也亲切、随和了很多。

这天，雷颖接连接了几个电话，听着似乎是她和分公司的经理讨论明年编制和调薪的事情，只是她的脸色却不太好看，语气听上去也不算很友好。

接完电话后，她长叹了一口气，说道："一到年底，都来跟我抱怨，都想为下属多争取一些调薪的名额，想明年多增加一些编制。

"以前我在业务一线，也觉得薪水太低了，想尽量为自己分公司的下属多争取一些。可是轮到自己开始做预算了，才真正明白，钱就这么多，无论你怎么分，也不可能将每个人都照顾到。只能想尽办法让优秀的人多得一些，放弃照顾所有人的想法。

"可是一线分公司的经理们不这么想，他们只关心自己的员工涨薪幅度大不大、名额多不多。说什么不涨薪人员留不住、编制不增加业务没法开展，似乎只要不满足他们的要求，业绩不好就都是我的错。

"我真想问问他们，人员都不流动，要多少人给配多少人，薪水也都高于市场平均水平，什么都是最好的，有谁能给我立军令状，业绩一定能够好到高于我付出的这些成本？说白了，就是想通过帮员工争取点好处，让自己在分公司里的威信高一点，完全不顾及大局。"她说着说着，声音提高了不少。

"钱多，活少，谁不期待？出于私心，当然都希望部门干活的人多一些，工资都高点，他们有这样的想法也无可厚非。关键在于你怎么想，明年你准备怎么开展工作？"我说道。

"唉，编制和调整薪酬方案是一个系统工程。薪酬怎么可能随他们的心意，想增加就增加。我们之前一起定下来的编制表和调薪方案已经很好了，要调整也只是个别分公司进行微调。

"但从内心来说，我还是很希望能提升一下一线业务人员的整体工资水平。尽管这个想法听上去不太现实，也没法实现。"她说完就自嘲地笑了一下，摇摇头像是在自言自语。

"倒不是没有机会实现，方法还是有的，控制好人员规模就行。"我回答道。

"怎样控制人员规模呢？"她立刻来了精神，认真地看着我说道。

"比如，一个很优秀的销售，底薪8千元，一个月的稳定业绩是30万元；而三个水平很普通的销售，底薪共1.2万元（每人4千元），要求业绩共30万元，每人10万元，还不一定能达标。你怎么选？"我问道。

"那当然是选那个优秀的销售。你的意思是，不用另外招聘三个人，省下来的钱，就可以用来给那个优秀的销售涨薪。是吗？"她询问道。

"是的。人多，不代表工作效率高、工作能力强、业绩完成好。在预算总数不变的情况下，控制好人员规模，少用人、用好人，才能留出更多的钱激励更优秀的员工。"我答道。

"这是个方法，只是就算我有这个想法，可怎么打破分公司经理的固有思维，让其他人配合呢？"她疑惑地问道。

"这种做法对于分公司经理来说，很难短期内就见到收益。所以，一味说教对他们来讲肯定是没有什么作用的。但是，若是强制他们执行，他们又会以为公司要大裁员，恐怕弄得人心惶惶。最好的方法就是，在年终奖的分配方案上做出区别（表5-1）。"我拿起手中的笔，在纸上迅速地画出了年终奖分配调整方案表。

表5-1　年终奖分配调整方案表

年终奖分配方案

序号	业绩完成情况	奖金总额分配
1	实际业绩额≥120%	奖金总额×200%
2	100%≤实际业绩额<120%	奖金总额×150%
3	80%≤实际业绩额<100%	奖金总额×100%
4	70%≤实际业绩额<80%	奖金总额×80%
5	60%≤实际业绩额<70%	奖金总额×60%
6	实际业绩额<60%	奖金总额=0

+

年终奖分配方案

序号	人员编制	奖金总额分配
1	≥编制人员	奖金总额×200%×90%
2	≥编制人员	奖金总额×150%×90%
3	≥编制人员	奖金总额×100%×90%
4	≥编制人员	奖金总额×80%×90%
5	≥编制人员	奖金总额×60%×90%
6	≥编制人员	奖金总额=0

"你看，以前的年终奖分配方案，唯一的考核标准就是业绩完成情况。为了让分公司自主地少用人，我们可以在现有的基础上，再加上一个编制的考核标准。

"我们给各个分公司明年的编制，实际上都留有余地，只要他们超编制或者满编制，就只能拿到原先奖金额度的90%。以此来引导他们有这样一个意识，即要在不增编、不满编的情况下完成业绩。这样，人少，分的钱又多，自然大家都高兴。

"这样做的另一个好处就是，我们并不强迫大家一定要改变思维模式，只是定下一个奖金分配的规则。分公司经理对此有选择权，人多就分得少，人少就分得多，怎么选全看分公司经理自己。

"时间长了，自然大家就会有意识地去控制人员规模；之后，可以再加强部门员工的培养和管理，努力提升部门的人工效益（人工效益＝总收入／人工成本，指每投入1元人工成本带来的收入）。这两项都做好了，在部门人员整体收入的提升上，我们也会多了很多余地，不是吗？"我答道。

雷颖听后觉得这个方法非常好，就开始着手修改年终奖分配方案，还另外增加了一条，即，如果把编制人数控制在75%及以下，还能额外再获得一笔奖金，打算以此来增加分公司经理控制人员规模的动力。她准备在部门内推广试验一年，先看看效果。一年后，分公司的反馈非常好，于是大家也开始有意识地控制部门内人员的规模了。

清晨的叹息声（人工效益怎么提升？）

"唉！"清晨，一进办公室，我就听见雷颖的叹气声。

"怎么了？这么美好的早晨，怎么就叹上气了？"我询问道。

"上回你和我说，要努力提升部门的人工效益，我就想把这个内容做进我明年的工作计划。可是我看了一大堆的数据，越看越觉得复杂，理不清头绪，也不知道怎么做才最合适。"她回答道。

"都看了什么数据？你觉得哪个地方复杂？具体说说。"我拉着椅子坐到了她身边。

"看了你们人力费用的分析数据表，我主要有两个疑问，第一个是，怎样才算是人工效益提升得好，衡量标准是什么？第二个就是，我需要核心关注的是哪几个指标？"她挠了挠头，说出了自己的困惑。

"你的困惑是，想要通过对一些人力关键数据的监测，更好地找到一些方法去提升部门的人工效益，是这个意思吗？"我问道。她点点头。

"我们先解决你的第一个问题。如果你想要定一个清晰的、衡量人工效益好坏的标准，我们可以这么计算，举例说明，我们北区第一季度，目标业绩总额为230万元，人力成本的预算是69万元。按照人工效益＝总收入／人工成本，这个公式来算，即，目标业绩额（总收入）／预算人工成本（人工成本）＝人工效益，结果约为3.3（230万/69万）。这个值是我们北区第一季度人工效益的标准参考值。

"除了标准参考值外，我们还需要算一个最低及格值。还是刚才那个例子，目标业绩总额为230万元，假定预期的及格业绩为160万元。我们就用及格业绩额（总收入）/预算人工成本（人工成本）=人工效益，结果约为2.3（160万/69万）。那么这个值就是我们的人工效益及格值。根据上面这些推算，我们就可以得出一个较为清晰的人工效益的参考标准。"我迅速为雷颖画出了表5-2。

表5-2　人工效益参考标准

序号	人员效益	参考标准
1	实际人工效益>3.3	优秀
2	实际人工效益=3.3	标准
3	2.3≤实际人工效益<3.3	及格
4	实际业绩额<2.3	不合格

"我们可以把这个标准应用到各销售大区负责人的考核上，让他们在关注业绩的同时，也要学会控制人力成本。这两方面，不管他们在其中哪一个方面做得特别突出，人工效益都会高于标准值，这不就是你期待的人工效益的提升吗？"我答道。

"这个方法好，还有呢？还有呢？"她忙着追问我。

"第二个问题是，我们要关注哪几个关键指标。首先，你需要先看懂我们人力费用分析表，知道这些指标分别都代表着什么。"我边说着边把电脑中的费用表打开，如图表5-3所示。

"表5-3是我们做的人力费用分析表，也可以称为人工效能分析表。在该表中，一般我们都会重点关注下半部分中，用虚线椭圆框圈出的五个指标。

表5-3 人力费用分析表

| 项目 | 北京 | | | | |
| | 当月实际 | | | | |
	北区	南区	东区	西区	合计
区域销售人数	32	40	16	24	112
区域销售人员比例	43%	47%	32%	44%	0
区域内勤员工人数	42	45	34	30	151
区域内勤员工比例	57%	53%	68%	56%	0
工资总额	208,468元	238,089元	162,206元	162,865元	771,628元
人力资源费用总和	842,889元	1,103,274元	440,979元	568,538元	2,955,680元
佣金总和	42,000元	56,000元	43,000元	41,900元	182,900元
人工成本(人力资源费+佣金)	884,889元	1159,274元	483,979元	610,438元	3,138,580元
人均人力资源费用	11,390元	12,980元	8,820元	10,528元	10,955元
人均佣金(约为)	568元	659元	860元	776元	695元
人力资源费用占人工成本比例	95.25%	95.17%	91.12%	93.14%	94.17%
佣金占人工成本比例	4.75%	4.83%	8.88%	6.86%	5.83%
现金收入	2,390,742元	5,138,945元	1,796,879元	2,994,457元	12,321,023元
利润	717,223元	1,541,684元	539,064元	898,337元	3,696,308元
人工成本占现金收入比	37%	23%	27%	20%	25%
人均创收(现金收入)	32,307元	60,458元	35,938元	55,453元	46,848元
人工效益(现金收入)	2.7	4.4	3.7	4.9	3.9
人均创利	9,692元	18,137元	10,781元	16,636元	14,054元

（左侧标注：重点关注）

"人工成本和人工效益之前都讲过了，此处就不再重复。我们先说说其他几个指标。

"人工成本占现金收入比（人工成本回报率），这个指标的计算

公式是

"人工成本占现金收入比=人工成本总额/现金收入×100%

"该指标的含义是每投入1元人工成本所带来的回报率;而人工效益,是指每投入1元人工成本所带来的收入。从这点看,这两个指标的功能差不多,具体选哪一个跟踪使用,可以根据具体情况而定。

"人均创收和人均创利,这两个指标的公式,分别是

"人均创收=总收入/[(期初人数+期末人数)/2]

"人均创利=利润总额/[(期初人数+期末人数)/2]

"在对这两个指标的关注上,我更倾向于关注人均创利,因为收入增多,不一定代表利润增加,还有可能是相反的情况。这是一线分公司经理最容易忽视的地方。

"上面的这些指标,你都可以按照之前人工效益的方法算出参考值,将其应用到考核中。

"怎么样?这样讲完是不是清晰很多?"我拿着杯子喝了一口水,问道。

"感觉像上了一堂人力数据分析课,内容有点多,我需要消化一下。"她深吸了一口气,说道。

"没有关系,后期我们可以根据你的需要,给你提供相关的表单和一些分析结果。你不用自己做,只要大概知道应该关注哪里以及为什么关注就可以了。

"我还需要补充的就是,提高人工效益的方法有很多,常见的有

减员、降薪、流程梳理、架构调整、灵活用工、激励、预算管理、提升工作效率等，这些你都可以根据自己的需要，结合上面人力数据的分析，列入你明年的工作计划。

"但是使用减员、降薪一定要慎重，因为这会极大影响士气，让团队人心不稳，能不使用就尽量不使用。"我仔细地嘱咐道。

很快，雷颖就做完了第二年的工作计划制订，其中有一个重点内容，就是针对部门目前的情况，如何通过管理手段的优化来提升人工效益。这部分内容得到了董事长的称赞。

二、新任业务"老大"是人力管理"小白"（二）（选人）

执拗的候选人（面试中的三大错误）

这一天，我刚开完部门会议，回到办公室，发现雷颖已经坐在里面等我了。

"等我很久了吗？是又遇到什么问题了吗？"我问道。她点点头，又有点欲言又止。

犹豫了一会儿后，她开口说道："我有个问题想请教，但是对于你来说可能太简单，所以有些不好意思开口。"

"这有什么，只要在我专业范围内的知识，能帮你的，我肯定会帮，所以不管什么问题，问就好了。"我安慰她道。

雷颖听完放下心来，向我说了她碰到的问题。销售部门想新增一个市场总监的职位，主要负责市场调研、竞品分析，定期或不定期地策划和组织不同的促销活动。

她还没有来得及将这个职位要求发给我们，她的朋友就给她推荐了一个合适的候选人。约过来面谈后，她比较满意，但还是对对方的年纪有些担心，所以就约了部门下面几个总监准备一起再面试一次，毕竟这个职位要经常和其他总监配合，大家能不能接受该候选人也会成为她的考量标准之一。

只是雷颖没想到，再打电话约这位候选人，他却怎么都不愿再来了。尽管这位候选人将话说得很客气，态度也还好，但就是不愿再来应聘了。可明明第一次见面时，大家沟通得很顺利，他也明确表示对公司很感兴趣，怎么现在就不愿来了呢？雷颖实在想不明白。

对于面试这件事，雷颖对自己还是有点自信的。她在分公司的时候，就没有配备过人事经理，分公司的所有面试都是她自己张罗的。她为此还专门去翻资料，学习招聘的面试方法。她自认为自己的面试流程是正规且严谨的，这次失败，让她充满了挫败感。

"能具体讲讲你的面试流程，还有和他接触的一些过程吗？每个细节都要讲到，不要有遗漏。"此刻我对这个候选人不愿来的原因已经有了一些猜测。但我还是想听听，到底是不是我猜的那个环节出了问题。

"我先是打电话给他，做了一个差不多半小时的电话面试。让他先做个自我介绍，然后针对他简历上我比较关注的点做了提问；之后就和他约了面试时间，面试开始的时候，我们先聊了一些价值观方面的事情，那个时候我感觉他对我们公司很感兴趣。

"后来我给他出了几道题，主要涉及市场调研、促销方案等方面，他答得都挺好。再后来就是我和他说了一下，后面可能还会有2～3轮复试。"说到这时，雷颖突然停顿了一下。

思考了一会后她接着说："现在回想起来，似乎此时，他的情绪和之前相比就不太高了。是我说错了什么吗？"她疑惑地问道。

我没有直接回答她的问题，而是要来了那位候选人的简历：对方是一位43岁的男士，之前所任职公司都是一些大公司，管理的团队都是10人及以上的规模。

看完之后，我抬起头来看着她说道："你在招聘流程、候选人需求、职位定位上都出现了偏差，所以候选人不来也是正常的。"看着她不解的眼神，我继续解释道。

"我们先分别看看，在这三方面，你都出现了哪些问题？

"第一点，招聘流程。

"很多人认为，招聘流程只是一个工作流程而已，实际上它有两点重要的作用。第一个作用是收集信息，一般候选人的简历，很难反映出该候选人的一些个性化的特点，但是候选人自己手写的应聘人员信息表可以。

"比如说，有的人会非常认真，填全表格中所有内容，字迹干净整洁；有的人则只挑他认为重要的填，字体龙飞凤舞。那我们就可以猜测一下，前一个人可能条理性比较好，服从性高一些。而后一个人可能性格急躁，其个性可能不喜欢墨守成规。我们可以根据这些猜想在面试过程中提问，来加深对这个人的了解。

"但是在这位候选人的面试资料中，我没有看到他填写的表格，这是你的第一个问题。

"招聘流程的第二个作用是给候选人营造良好的面试氛围。比如说，如果你自己去面试，希不希望面试三次所面对的都是同一面试官？"我问道。

"不希望。我会觉得，如果你有问题为什么不能一次性问完，哪怕聊的时间长一点都可以。为什么要我来三次，是拿我的时间不当时间，还是你根本不清楚自己要了解什么，反正会觉得这个公司不靠谱。"她答道。

"是的，所以我们的面试流程设计都是层层递进。每次面试的面试官不同，其职位级别也是逐渐上升的。你电话面试了一次，又和对方面谈了一次，还说会有第三次面谈。你在面试流程中要出现三次，那么他的感受会好吗？他会对这个公司认可吗？这是你的第二个问题。

"第二点，候选人需求。

"在你刚才的描述中，我听到了你分两次分别和他沟通了简历中你的关注点以及公司的价值观，还出了一些测试他的题目，做到了每次面试的内容不同，这是做得好的地方。但是，你却没有和他沟通，他对这个工作真正的需求是什么，也没有及时关注到他的一些变化。这是你的第三个问题。

"比如说，我们很少会在高管的面试中出一些测试的题目。因为到了一定级别和一定年纪后，大部分候选人对于自己的专业能力都有着自己的骄傲。他们希望在面试过程中被尊重，这是一个很重要的需求，出题考他们，在他们看来更像是一种质疑。

"这种情况下，为了更深入了解他们的能力，我们通常会用BEI面试法（行为描述面试），针对面试者简历中描述的一些事件来提一些深刻的问题或者延展性的问题，在和他们的探讨中来了解他们的做事逻辑、管理风格以及人际关系的处理方式。有时，我们也会用一些人才测评的工具。

"还有，面试者之所以来应聘这个工作，其真正的需求是什么。这些你要根据简历提前做出预判，面试只是一个验证的过程。像这名43岁的候选人，之前都在大公司工作，如果选择来我们公司工作，我们就要考虑，他想得到什么以及我们能否满足他的需求。

"比如说，他可能有三种需求。第一是生存需求，工作不好找，想找个地方先待着，有合适的机会再跳槽。第二是转变需求，他的职业发展正处于转型期，比较迷茫，我们所提供的工作内容比他之前所面对的要扩展很多，能让他有机会尝试新鲜事物。第三是镀金需求，他需要这类公司的工作背景给他镀一层金或者做跳板，让他可以增加一些更好的资历，或者有资格在此行业中的其他公司工作。

"在不同的需求下，他们入职后的工作表现会不同，留在公司时间的长短也会不同。如果我们重金聘请他，他不到几个月就离职了，会对我们造成很多的损失。所以，这些都是要在面试过程中仔细辨别的。

"第三点，就是职位定位。

"我们在招聘的时候，对于职位的定位，会有一个候选人画像。这和你们做销售时对用户进行画像的方法是差不多的。

"包括这人是男是女？他（她）有什么样的职业背景？他（她）多大年纪？他（她）什么性格？他（她）有什么需求？我们能给他（她）什么？

"比如说，我刚看到你的职位招聘需求中，有这样的需求描述：需要长期出差；大量加班；合作能力强；需协调各部门资源；对市场变化要敏感。而你给出的工资区间只能算市场中等偏下的水平，这样来看我们能给候选人的也只有大量积累的工作经验。

"但是，什么样的人会需要这种大量积累的工作经验呢？一般是有晋升需求或者转型需求的人最需要。

"再回看一下这位候选人，他的年龄为43岁，之前的工作出差频率不高，已婚。那么，如果到我们公司来，他的工作节奏能不能跟得上？是否适应得了？你们团队的平均年龄不超过32岁，他进入后一起工作会不会有交流障碍？

"所以从这个职位的工作内容来看，对这位候选人来说并没有新意。从他过往的薪酬水平来看，我们的薪酬也并没有什么特别的吸引力。那么，他还答应你来面试，你猜他真正的需求是什么？"我此刻停下来，看着雷颖问道。

"他有生存需求，要不然就是想借我们公司当跳板转而进入金融行业，对吧！"我对她点点头，表示对她回答的认同。

"原来这里面还有这么多学问，我只关注了他的工作背景、资历还有和我们价值观契不契合，完全没想过他到底想要什么，这样说，从一开始我们对自己到底想要什么样的人就比较模糊，没有想清楚，所以才会出现职位候选人定位的错误。"她恍然大悟地说道。

"你以后可以按照这个方法，在发职位需求之前先捋一下自己的思绪，反问自己，你到底想要什么样的人？这样也方便我们给你推荐。这个人就算了吧！回头我让招聘组那边给你再重新推荐几个人。"我说道。

雷颖点点头回去了。在她想清楚自己的候选人画像到底是什么样子后，很快我们就帮她找到了合适的人选并顺利入了职。

突然的扩张（人才盘点的应用）

"Jessica，过几天新提拔的分公司经理要来总部述职。你能帮忙找人给他们培训一下人力资源方面的技巧，比如招聘、绩效之类的吗？"雷颖突然坐到我旁边，说道。

"可以啊！这也不是什么大事。他们具体哪天来，你想要我们培训什么，提前说一下，我让他们准备。"我回道，她点了点头，却没有离开我的座位。

"有新人晋升上来，是好事，你怎么没精打采的？"我询问道。

"因为实在没有合适的人可以升职。这些都是拔苗助长起来的，也不知道能不能胜任。这虽然属于历史遗留问题，可是我一来就赶上了，所以只能自己解决问题。巧妇难为无米之炊，想想头就疼。"她下意识地揉了揉自己的太阳穴。

我理解她的焦虑和担心。公司为了上市，突然决定将原先的30家分公司扩张到60家，需要大量管理人才做配套。但是，因为公司业务的特殊性，不太可能全部通过外部招聘，而他们部门之前对储备人才的培养也不是很重视，所以也没有系统地培养过。如此，就造成了入职时间不长、稍微熟悉一些业务流程的人，这次就都有机会被提拔成分公司经理。

"再难的事情也总会有解决方法的，别太担心。现在，对下一步怎么走，你有想法了吗？"我拍拍她的肩膀，安慰着询问道。

"培训吧！这不，把他们都集中到总部来述职也是这个意思。行不行的，也要试试。但是如果他们不行，我还能换谁，现在心里也没想好。"她有些无奈地说道。

"我倒是有一个建议，想要成为合格的管理者，一般需要两个重要技能：一个是开拓业务的能力；另一个是管理的经验技巧。仅凭述职这几天的培训可不够，可以先让你们业务部讲师和我们部门的培训人员碰一下，开发一套新晋分总（分公司经理）的必修课程。让他们有机会系统地学习一下相关的知识，并对他们学习后的情况进行跟踪辅导。先把当下这个最着急的情况解决了。

"接下来，我觉得你最需要做的就是沉下心来，把部门内部人员的情况进行一次盘点，更清楚地了解现在各个分公司员工的情况。毕竟你也没有时间和精力认识所有分公司的员工。如果还能发现有潜力的员工，就提前着手培养。这样如果有这次提拔上来考核不合格而需要替换的情况，也能够有个备选人，不至于像现在这样被动。"我安慰她道。

"这种盘点方法我倒是听说过，但是没有详细了解过它是怎样的一个过程。另外，我都需要盘点一些什么呢？"她疑惑地问道。

听了她的疑问，我拿出一张纸来，给她画了一张人力资源工作常用的人才盘点九宫格（图5-1）。

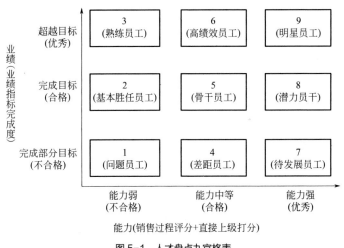

图5-1 人才盘点九宫格表

"你们部门现在差不多80%的人都是销售。我拿他们做个例子，主要考核两个维度，一个是业绩（业绩指标完成度），另一个是能力（销售过程评分+上级直接打分）。业绩这个维度，就是指你们的业绩指标要求，这里就不展开说了。能力这个维度，评估的方式有很多，之所以用了这两个指标相加的方式，主要考虑若只用上级直接打分，可能会被人的主观好恶影响。刚好你们现在正在做培训，可以把分数也参考进来。

"当我们把维度选好了之后，就可以按照以下几个步骤开始盘点。"我详细地为她解释。

1. 填入名字，形成人才地图

按照上面所选的2个维度，我们可以很轻易地把员工分为九个类型（图5-2）。这就是我们常说的人才盘点九宫格。当我们把所有员工的名字按照上面表格的要求填进去，就形成我们自己部门的人才地图。我们可以很容易在图中看到，谁是问题员工、谁是骨干员工，对每个人的情况一目了然（图5-2）。

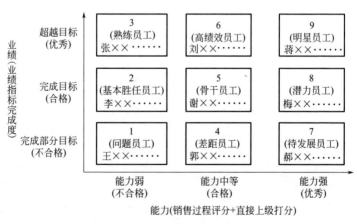

图 5-2　九宫格人才地图

2. 在九宫格中填入人才占比

将名字填入后，我们还需要将每类员工的占比也标注到表格中，如图5-3所示。

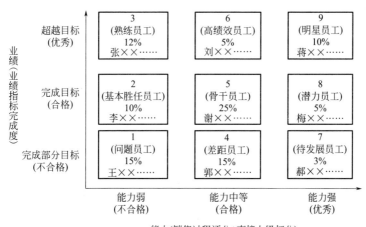

图5-3 人才盘点九宫格人才占比图

"标注完，你是不是就可以清晰地看到一些问题了呢？"我询问道。

"这样确实清晰很多，如果结合前面的九宫格人才地图（图5-2）来看，就能轻易发现问题员工的比例高达15%，且没有被及时淘汰。这样分类很高效，但还有一个问题，怎么高绩效和潜力员工的占比这么少？假如我们要挑选分公司的经理，是不是只能从高绩效和高潜力的员工中选拔呢？

"当我们盘点出这九种员工的情况后，我们应该做些什么？是不是会有九种不同对待他们的方式呢？"她继续提问，我又提出了第三点。

3. 清晰人才的成长方向

"我们先看看这张图。"我说着继续画了一张图（图5-4）。

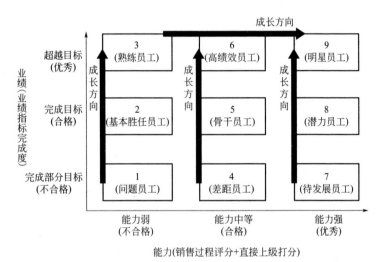

图5-4 人才成长方向

画完图后，我接着说道："我们做人才盘点的目的，一方面，要能清晰地看到部门人员的情况，另外一个更重要的方面，就是为了帮助不同类型的员工成长。一般情况下，他们的成长方向分为两类。

"一类是业绩提升。在一个销售团队中，肯定是各种能力的人都有。但是无论团队组成如何，我们都要完成业绩，这是对这个团队所有人最基本的要求。所以盘点后我们的第一个最重要的工作就是，如何针对不同类型的员工，帮助他们改进工作方式、提升工作业绩。

"另一类是能力提升。就比如，业绩很好的第3类员工，通常他们都有一定的行业经验，对公司情况非常了解。如果只是能力不足，经过我们针对管理技能的培训，能不能帮助他们转型成为第6类高绩效员工或者第9类明星员工呢？这样，可以使得我们的分公司经理的候选储备力量更为充足。"当然还有第四点，我继续总结。

4. 内部人员盘点后的应用

"最后一个步骤就是，当我们很清晰地看到九宫格中人才成长的方向后应思考，我们的应用方法是什么？"接着我又画了一张图（具体如图5-5所示）。

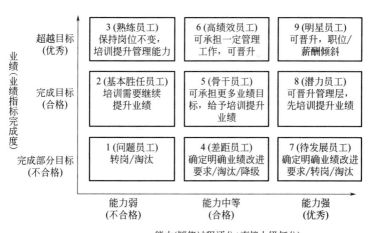

图5-5　人才盘点后的应用

"从这张图可以看出，我们对于业绩不合格的员工，除了第一类问题员工是确定淘汰、转岗以外。对于第4类和第7类员工，我们都可以给3～6个月的改进期，对他们进行辅导，明确提出改进业绩的要求。如果他们还是没法达标，我们就会使用淘汰、转岗、降级等方法处理。"说到这里我突然停顿了几秒，看着雷颖继续问她：

　　"排除第1、4、7类员工，让你在其他几类员工中找出你分公司经理的人选，你会选哪类？剩下的几类员工中，哪类是第一备选，哪类是第二备选呢？"

　　这次她毫不犹豫地说道，"肯定是第6、9类，可以直接作为分公司经理人选。第一备选是第8类；第二备选是第3、5类；第三备选，实在没人了，就只能选第2类了。"

　　我点点头，继续说道："第6类员工，就是可直接晋升管理层的和第一备选中第8类员工加起来的人数占比非常少，可是第二备选中第3、第5类员工的占比却高达37%。那我们就可以针对第3、第5类员工的成长需求，提前进行培训。让他们有时间、有机会更快地提升转变成第6、第8类员工。

　　"这样，不就能缓解你现在分公司经理的缺口问题了吗？"说完这一段后，我喝了口水，看着她。

　　"确实，我现在手下的员工太多，没法关注那么多细节，导致往往看不到全貌。团队人员需要晋升，只要有职位，他本人业绩合格，上级推荐再加上我大致看看业绩情况属实，就批了。一旦出现现在这种情况，同时有大批中层管理者需要晋升，我完全不清楚，是否还有潜力员工没被发现，或者谁经过培训也是可以担任中层管理人员的。这确实是一种比较混乱的情况。

"可是看过你刚才画的几幅图，我就可以通过这种方法清楚地知道部门内员工都处于哪种状况。比如，哪种类型的优秀员工少了，需不需要培养、增加，哪种类型的不合格员工多了，需不需要调整，都可以提前做出部署。"她认真地听完后答道。

我听完后点点头表示赞同。其实，人才盘点的工作，我们部门可以帮雷颖来主导操作，之所以解释这么多，也是希望她能知道，这个过程的运作原理，对自己部门的人才管理是需要有一定的规划的。

她回去后，我们两个部门用了一个半月的时间完成了销售部的人才盘点工作，摸清楚了部门内部人才的情况，并制订了相对应的人才培养方案，工作结果也得到了董事长和部门内员工的认可。

三、新任业务"老大"是人力管理"小白"（三）（育人、用人、留人）

积极和消极并存（成熟/新晋管理者的态度差异）

培育员工不仅仅是指在教室中给员工传授知识和经验，还要在员工出现问题的时候能够及时发现，并做好引导工作，让员工面临的问题可以得到顺利解决。

刚开完公司的战略会议，雷颖和我并排走出会议室。几乎同时，我们两个的手机震了一下，我看了一眼手机，是收到了一封来自培训部的邮件，主题是关于盘点后制订人才培养方案时发现的销售部的问题。

我抬起头和雷颖相视一笑。这个邮件发来的时间，可真是有点太巧了。

"刚开了一上午会，也挺累的，要不去我办公室坐坐如何？"雷颖说道，还没等我回答，她就拉着我往她办公室走去。

到了她办公室，喝着她给我泡的花茶。我们两个都静下来，默默地看起了邮件。邮件大致内容是，我们的新任分总必修课还有人才盘点后的人才培养计划，在新任分总和基层员工中都得到了较好的反馈。

但与此相反的是，一些更为成熟的分公司经理，却显得对此漠不关心；对相关工作表现得既不反对也不支持，比较敷衍。目前的情况是，这些分公司经理的士气有些低落，对公司的抱怨声很多。

新任分总的积极和成熟分总的消极，形成了一个鲜明的对比。负责培训的相关同事担心这样下去，两者之间的负面情绪会相互传递，破坏现在刚刚营造出来的局部良好氛围；询问高层领导们是不是需要多关心关心这些成熟的分总，也给他们提供一些有针对性的培训机会。

"你怎么看？"我看完邮件抬头看着雷颖。

"其实，我也听到了很多抱怨的声音，注意到了他们反映的这个情况。现在团队的氛围确实有些问题。"她回答道。

"他们的抱怨主要集中在哪些方面？你感觉的这个氛围不好，主要是什么原因导致的呢？"我继续询问道。

雷颖开始叙述着这件事的来龙去脉。公司准备上市，但是前几年一直没有什么实际动作。大家没有想到，突然间公司就真的准备推进上市工作了，业绩上的要求也比去年上调了很多。

而此时，由于公司的极速扩张，公司把分公司一些原先的骨干晋升了一大批。新任分总的业绩指标远要低于成熟分总，导致这些成熟分公司虽然承担了公司业绩的大部分，但能出关键业绩的人却减少了，自然就会有很多抱怨。

雷颖认为，自己的压力也非常大，只是眼下也改变不了这种状况。所以，对那些成熟分公司而言，无论怎样都要顶上。近期陆陆续续有几个分总开始和她谈离职。她暂时将对方都安抚了下来，只是如果这种状况持续下去，也不知道他们能坚持多久。

反之，对区域负责人而言，他们目前的薪水都不错，就算离职也比分总的出路多，所以看上去他们并没有分总那么焦虑。而且，这些区域负责人认为她是部门负责人，理所应当承担最大的压力。所以，现在整个团队既没有人能帮她分担压力，也没有人能给分总很好的支持。

现在团队中的四类人，即，她自己、区域负责人、成熟分总、新任分总，每类人的想法都不一样，这也是团队氛围低迷的主要原因。

"你觉得人心不齐是主要原因，对吗？之前你有就此尝试，调整一下吗？"我问道。

"是的。其实，自上任以来，我做了很多事情。你也看到了，从工作流程的优化、各部门资源的协调，到市场的布局，我每天都忙到很晚，这些都是为了辅助他们做好业绩，可是大家好像还是人心惶惶的，没什么改变。我很想知道问题出在哪了？我接下去该怎么做？"她有点惆怅地说道。

听到这里，我大概知道她的问题出在哪了。

下属的安全感来源（达成团队共识）

我突然转移了话题，问道："你觉得在一个家庭当中，孩子的安全感源于哪里？"

"当然是父母啊！父母关系和谐，爱孩子，就能给孩子稳定的家庭环境，孩子就容易有安全感。这和我的问题有什么关系吗？"她对我的发问感到非常惊讶，觉得我此刻的思维有点天马行空，但还是回答了我的问题。

"我只是突然有了一个有意思的想法。如果分总就是这个大家庭中的孩子。谁在这家庭中扮演父母的角色？孩子遇到困难，退缩了。他希望父母怎么支持他？你也可以天马行空地想想，这也不是什么正式谈话。"我笑笑对她说道。

可是此时的她，脸上的表情一点也不轻松，非常认真地边思考边说着："我肯定是父母的角色之一，如果还有另外一个，那应该是区域负责人，因为我们都是部门的管理层，也是下面各分总的主心骨。"

说到这，她突然拍了一下头说道："对啊，如果家里父母关系不好或者吵架，哪怕隐藏得再好，孩子也是能觉察到的，会产生很强的不安全感。

"我和各位区域负责人，虽然没有什么大的争执，可是他们心里是有些不认同目前的状况的，所以大家的关系有点微妙，下面各分总们是能觉察的，就会对这个事情更加没有信心。是这样吗？"她此刻有些急切地询问道。

我没有直接回答，只是继续问道："你想达成的共识，具体是指什么？是上下一心，完成业绩目标吗？"我问完后看到她点点头。

我继续说道："团队想要达成共识，首先要做好以下两件事。"

1. 管理层自身，先达成共识

这种共识，一定不是只停留在表面的或者被迫的，而一定是内心真正认同的、想要推进的；否则就会呈现出对这个事漠不关心、敷衍、推卸责任的态度。

在一个团队当中，你们作为管理层，其实就相当于一个家庭中的父母。你们态度坚定、一致，他们就有信心和力量；你们貌合神离，他们就会惶惶不安。

所以，要想实现管理层达成共识的目标，第一步就是要和区域负责人坐下来，好好谈一谈，大家要如何一起做，才能达成今年的业绩。管理层应想办法达成真正的共识，这样才能使团队成员拥有安全感。

这样做还有一个好处就是，各个区域负责人手下一定有一批自己信任的分总；而当区域负责人真正认可目前的工作状态时，会同时影响到他下辖的分总。

2. 共识宣导

当公司发生一些重大变化或处于某个特殊时期的时候，如上市、并购、转型等。各分总们会面临很多不确定因素，有来自业绩的，有来自外部环境的，也有来自自身的。比如：公司下达的任务，不知道该如何完成；完不成，不知要面对什么；市场的环境不好、公司的政策多变，自己又该如何应对；这种对当下诸多不确定因素的担心，会使得他们的情绪变得很焦躁。

这种情况下，他们不可能把注意力全部集中在如何完成工作上。共识宣导的主要作用，就是解除他们的顾虑，让他们重新聚焦于工作。比如：你们管理层可以将公司目前所处的阶段详细向他们解读；有效向他们传达，应对市场变化的方法；向他们解释清楚，公司政策对个人的影响。同时，你们还可以给他们这层管理者再配备一些如何进行自我激励、情绪调节类的课程。如此，就能帮他们迅速消除之前的不确定性，从而有信心、有能力，上下齐心一起推动业绩目标，达成你说的共识。

"确实，我之前只考虑了如何提高部门效率，如何整合更多资源，却完全忽略了他们处于这种时期自身心理变化的特点。我想，我知道接下来怎么调整了。"她笃定地回答我道。

没过多久，我就听说，各区域负责人一改旁观者心态，和雷颖一起积极做起了各个分总的工作；据说效果还不错，他们部门内部的氛围也从之前的消极转向积极。

有一天又碰到雷颖，我好奇地问她，是怎么说服那些"傲娇"的区域负责人的。她意味深长地说道："认同一个人，或许是需要很长时间，经历很多事情；可是认同一件事情则会简单很多，只要利益趋同就可以了，不是吗？"听后，我觉得很有道理。

销售部争执不下的绩效会议（绩效方案制订的争议）

大家对于如何制定绩效考核标准，总是有很多争议。这大概是因为大家对绩效考核的定义存在着不同的理解，而且还容易把绩效考核和绩效管理这两者的概念混淆。

如果大家能更充分了解绩效管理的整个过程是怎么展开的，就能更明确地制定出绩效考核的指标，来达成提升员工工作效率的终极目标。

时间过得很快，一年的收尾工作已经完成了近八成，只剩下销售部门第二年的绩效方案还没有敲定。听说雷颖和各区域负责人总是达不成一致，所以就一直拖着这个事情。董事长很着急，要求他们三天之内必须拿出一个具体方案。

这天一大早，雷颖和各区域负责人就又聚集到会议室开会。会议室中时不时传出来敲白板以及大声争执的声音，动静实在有些大。

我正想着，雷颖的助理走过来，邀请我去会议室参与讨论。

我一进去，发现会议室里都安静了下来。

"怎么了？我一来就变得这么安静，不是我破坏了你们热烈讨论的氛围吧？要这样，我就回去了啊！"我开玩笑道。

"哪能呢！我们几个就是讨论来讨论去，总是对绩效明年怎么弄，无法形成统一意见，导致这段时间以来总是讨论不出结果。这不是请你这个专业人士，给我们点拨点拨吗。我们在绩效方面的探讨都不是很专业，估计大家这会都在想着，怎么和你表达清楚自己的观点呢！"南区区域负责人率先回答我，同时也化解了一下无人说话的尴尬局面。

随后，大家开始向我表达了他们各自不同的想法。

南区和西区的两位区域负责人认为，绩效考核最好沿用去年的，变一下指标数字就行了；大家对去年的绩效考核方式都比较认可，觉得很公平，没必要再弄出一套新的。

北区区域负责人认为，不要整那么多这考核那考核的。他们是做业务的，不是干人力的，天天浪费时间弄考核，还做不做业务了？今年的目标，应该是给大家减负、简化考核，让大家都能集中精力冲业绩，而不是再增加新的考核项目。

东区区域负责人则是典型的"老好人"类型，认为大家说得都很有道理。

雷颖的想法则和大家都不一样，一心要做绩效的调整，希望通过提高团队效率来应对业绩的压力。

看到他们谁也不服谁的意见，又要陷入僵局，我只能尝试打破这个局面，说道："听上去，你们似乎一直在争执的是，绩效方案如何制订？我想问一下你们，先不管怎么制订，你们最终想要达成的目标是什么呢？"

南区和西区的两位区域负责人，这时表态："最终的目标，当然是为了更好地完成业绩指标。随便改大家已经认同的东西，又要花时间和精力让大家重新适应，这就是浪费时间。"

北区区域负责人此时也附和地说："对，我们最终的目标肯定是要完成业绩，现在业绩压力这么大，是要靠大家花时间出去见客户谈回来的。可不是坐坐办公室、打打分就出业绩的。"

北区的区域负责人是出了名的急脾气。此刻说出的话显得有点不客气。雷颖见状，马上出来打圆场说，大家都不专业，还是要听听我的想法。

我倒是对他说的话没太在意，接着他的话说道："我很认同你刚才说的，业绩是谈回来的。但是谈业绩，是不是就不需要管理了呢？如果我们只关心业绩达成而不关心其他。这样，销售人员就可能为了达成业绩不择手段，因为这是拿到合同的唯一标准。

"另外，当一个普通销售人员晋升成为管理人员的时候，不论这个管理岗位是分总还是区总。团队业绩的达成是靠管理者的个人业绩，还是团队所有成员的业绩？

"如果认同依靠的是团队成员的业绩，那么，想要大家拧成一股绳，齐心协力去完成，就要对团队成员的销售行为有所管理，不能各顾各的、一盘散沙。对于这一点，大家有分歧吗？"我说完后，大家都摇摇头。

概念的混淆（绩效管理≠绩效考核）

"这么说来，大家的目标都是希望通过管理手段，更好地完成业绩。大家产生争执，只是你们搞混了一个概念，绩效管理不等于绩效考核。"大家听到我说的话，显得很惊讶，同时还有些迷茫的样子。

于是，我开始尝试用他们销售人员常用的语言解释这一问题。

"比如：在销售的过程管理中，你们强调有过程才有结果。需要有10个陌生客户，才可能诞生2~3个意向客户，诞生了2~3个意向客户，才可能有1个成交客户。

"所以，一周开发10个陌生客户，就成为一个绩效考核的指标。可是，不能说这个指标定完了，成交客户就产生了，我们的业绩就完成了。

"假设我们的销售人员没有销售工具（公司介绍，产品介绍等），不能很好地将公司及产品介绍等信息传达给陌生客户，可能会导致这10个人中1个意向客户都产生不了。这就是，完成了绩效考核指标，但是没有达成绩效的结果。

"那我们就可以把他们的销售行为拿来进行复盘，发现了这个问题，及时进行改进。例如：我们制作了精美的公司产品介绍资料，来辅助他们，可能就会发现10个陌生客户中，我们真的可以达成2~3个或者4个意向客户。

"这个改进销售工具的行为不属于绩效考核，却达到了提升员工绩效的目的，所以它也是绩效管理的手段之一。"我说完后，停顿了一下，看到他们都在点头。

"大致意思听明白了，可是具体怎么做，还是没太明白。"此时北区区域负责人挠挠头，不好意思地冲我笑笑。

我拿起笔在白板上给他们画了下图（图5-6），接着讲了起来：

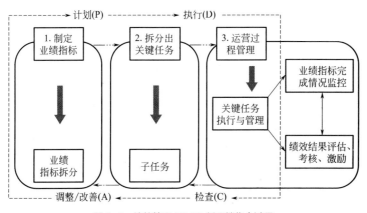

图5-6 绩效管理PDCA循环销售全过程

"在这个图（图5-6）中，我们先看看绩效管理是怎么贯穿整个的销售过程的。我们通常将销售过程大致分为三步，具体如下。"

1. 制定业绩目标

每年年初，我们会根据公司的战略要求先推算出一个业绩总体指标，再将整个指标按照区域位置、分公司规模等逐层拆分出各个区域及分公司具体需要完成的业绩指标。

2. 拆分出关键任务

当具体业绩指标出来后，我们就要看，为了完成业绩，我们需要做哪些关键的任务来辅助业绩的完成，比如全年需要做多少场促销活动、需要和多少大客户达成战略合作等。

另外，还需要进一步明确的是，为了达成这些关键任务，我们还需要做哪些事情来支持，即拆分出具体、可落地的子指标。

以上这两步，在绩效管理PDCA循环中，属于**计划（P）**环节。

3. 运营过程管理

最后一步为运营过程管理，也就是大家平常最熟悉的销售过程管理。包括业绩指标完成情况如何、怎么考核以及怎么评估等。

以上这一步，在绩效管理PDCA循环中，属于**执行（D）**环节。

前两个步骤大家都很熟悉，但是进行到这个**执行（D）**环节时，会很容易产生一个误区，即执着于年初定好的绩效考核指标而不加变通。比如：刚才那个例子，员工开发了10个陌生客户，但是依然完不成业绩指标。可能你就会下意识地觉得这个员工能力不行，这个分总的管理有问题。

这样就有可能漏掉一些影响业绩的关键信息，这个时候就需要绩效管理PDCA循环中的**检查（C）**环节。

该环节的应用场景：出现业绩不佳的问题时，我们就要及时去观察员工的整个销售过程是否顺畅、获取资源是否及时有效；我们要辨析一下，是员工自身的能力问题还是外部因素导致的。

例如：同样一个分公司中的同样一批销售人员，可能会因为当地一个人文环境的改变而突然造成整体业绩的下滑。如果这时我们能及时**检查（C）**出来，找到原因，就可以更好地应对。

这就到了绩效管理PDCA循环中的最后一个环节——**调整/改善（A）**环节。

该环节的应用场景：我们制订了全年做50场促销活动的计划。但是做到10场的时候，业绩却没有达到预期，经过我们执行**检查（C）**环节后发现，今年客户的消费行为发生了改变，对促销活动不是很感兴趣了。

而这个促销活动本身却需要大量的人员做支持，那我们就要及时调整，比如减少或者取消促销活动，调整原先员工的考核指标，这就是**绩效管理PDCA循环中调整/改善（A）**环节的作用。

"通过对以上各步骤的讲解，大家可以看到，我们的绩效管理过程并不是年初制定好就一定不会变的，而是穿插在整个业务的过程中，不断产生影响的。"我说道。

"这个绩效管理PDCA循环很有意思，我们之前都是凭着经验在做这些事情，一块一块的很零散，没有被串起来，有时会忽略很多。

"有了这个工具后，我们就可以时时检查各个环节中的问题。这个方法也可以推广到各分公司。分公司业绩不好的时候，分总要先学会自查，制订解决方案，而不是抢资源、吐苦水，推卸责任。

"这比制定一堆莫名其妙的指标有用得多。"南区区域负责人认可地点头说道。

"所以，现在需要讨论的是，针对上述整个过程，为了更好地完成业绩，大家都需要做些什么、怎么做等，要很具体、很细节。这样，你们的绩效管理方案就制订出来了。"我说道。

各区域负责人听后，好像一下就开窍了，开始了热烈的讨论。

第二天下班前，他们就把已经讨论后的初稿发给了我和董事长，董事长看到后也很快通过了，最后我们又帮他们修订了一下，形成了最终版，发布了出去。

第二年结束，大家回顾总结上一年的工作时，纷纷对这个绩效管理的方案表示认可，认为其对业绩的支持起到了至关重要的作用。

挖脚危机（挖脚应对策略）

部门遭遇挖脚，是在日常工作中管理者们最常碰到的问题。如果，我们能够在应对的同时建立好团队的文化，增加团队的凝聚力，就不会害怕此类事件的发生了，还会有效地降低部门内员工的离职率。

有一天，招聘经理突然神神秘秘地找到我。

"老大，我听到风声，有人召集了好几家大猎头公司，准备对我们公司进行重点挖脚。我通过关系打听了一下，这是一家新成立的公司，似乎背后有资本运作，业务和我们有八成相像，可却比我们有钱太多了，同等职位开出的薪资是我们的两倍。

"据我所知，咱们公司中已经有几个分总被接触过了。

"还有一个消息说，这个公司的负责人，是两年前从咱们公司离职的，好像是北区的区域负责人。他当时走的时候，就因为待遇问题和公司闹得挺不愉快的。这次这么干，不会是因为报复吧？"在他还在滔滔不绝地和我说各种猜想的时候，我已经第一时间将消息告知了董事长和雷颖。

我马上就收到了回复，稍后要召开一个紧急的临时会议，请大家来讨论一下应对方案。于是我打断了招聘经理的话，带着他一起去董事长办公室说明情况。当招聘经理说完情况并离开董事长办公室后，办公室里就剩我、雷颖和董事长三人。

董事长问我："这件事你怎么看？"

我回答道："对方对我们的情况这么熟悉，又动用这么多力量来挖。先不说能挖走多少人，至少造成的影响肯定是很大的，没法低调处理。如果低调处理，就会造成各种真假消息'满天飞'，让人心更加不稳。"

我提的建议是从以下三方面入手，提前应对起来，以避免造成更坏的结果。

1. 做思想工作

这个工作可以从两个群体开展。

（1）核心员工

对于核心员工，我们需要根据他们每个人的不同情况，进行一对一的提前谈话，向他们表明公司对这件事的态度以及对他们个人的态度；也可以预判一下，谁被挖走的可能性更大，如何可以有针对性地提前挽留。

（2）其他员工

可以公开和其他员工，在部门会议上就该事情进行沟通，不必遮掩，坦坦荡荡地表达公司对这个事情的想法。

这样可以避免各种消息"满天飞"带来的负面影响，也可以让员工冷静下来，去思考一下。目前这家公司和我们相比，也有很多劣势，比如公司刚成立、业务不稳定等。

所以，现在跳槽也是一种赌博。等员工冷静下来之后，自己就会去分析利弊得失，想明白了就不那么容易被鼓动了。

2. 做好预防工作

这个工作可以从以下两方面展开。

（1）做最坏打算

就算做了思想工作，肯定还是会有人想离开。这是必然的，所以要提前做好最坏打算。假设有核心人员离开，我们能替补的人员都有哪些？由此对业务产生的负面影响怎么消除？这些都要提前做安排，提前考虑清楚。

（2）加大离职成本

不能让员工产生一种错觉，即，在我们这里离职，把客户或信息带到对方以换取高薪，是一件很容易的事情。我们之前与这些员工签订的竞业限制协议，待他们准备离职时可以再拿出来强调一下，如果我们真发现有泄露的，就马上派律师跟进并予以严肃处理，对这类员工起到一个震慑的作用。

3. 解铃还须系铃人

如果有机会，还是要和这个之前离职的区域负责人沟通一下。他这样做，如果仅仅是因为当年和公司纠纷而进行的报复，那就看看能不能有化解的可能。

"冤冤相报何时了？今天是挖脚，明天呢？两家公司的业务有80%以上是重合的，明天会不会恶意竞争、互相打压？这样下去总不是一件好事。"我说完后，又强调了一下。

董事长沉默了一会儿后说道："前两方面没什么大问题，你和雷颖现在去准备准备吧！其他的你就先不要管了。"

他说完，我就和雷颖走出了办公室，只是看着董事长脸色不太好，心中有了些忐忑，问雷颖我是不是说错话了。雷颖让我不要担心，我说的话道理是没错的，只是这个人和董事长之间有些个人恩怨。让董事长和他沟通，估计是有一定难度，这个需要董事长自己想明白，我们先干好自己的就行。

于是，我和雷颖忙碌地准备了起来：先和各区域负责人达成了一致，然后开始了做其他员工的工作。只是没想到，北区最大的分公司——北京分公司的员工集体跳槽去了对方公司。现任的北区区域负责人大怒，觉得很没有面子，对剩下的员工开始严防死守。

我们也派了公司法务人员和律师，对这些人提起了诉讼。一时间闹得满城风雨，自那之后，的确就再没有人跳槽离开了。

很快，这个挖脚和集体跳槽风波，就变成了大家茶余饭后的八卦话题，慢慢地不了了之了。

加班夜谈（留人的策略）

转眼间，雷颖已经到总部工作5个月了。不知道从什么时候起，我们之间形成了一些默契，比如，下班会互相问候一下、聊几句；有时还会坐在公司的大露台上，一起发一会儿呆，喝点儿茶，放松一下工作时的紧张心情。

这天，我们两个又不约而同地来到大露台，望着夜晚楼下的车水马龙。雷颖突然和我说道："我这几天总是在想上次挖脚那个事情，我们太被动了。如果没有第一时间收到消息，他们就开始大范围地挖人，还真会打我们一个措手不及。

"如果让竞争对手挖我们的人，成为一个常态，那我们就太被动了。有没有什么更好的方法能够留住人心，就算咱们不严防死守，别人也轻易挖不走呢？"

"这是一个好问题。上次的方法，只是应对那个情景时的紧急处理方式，不可能每次都那样做。想要员工不轻易被挖走的方法有很多，但是我个人认为，最重要的是员工和公司的价值观相同或者相似，其次就是让员工处在一个相对公平、透明、可沟通的工作环境。

"你可不要小看这些软性内容。它们通常比用薪水来留住人，起到的作用更大。比如：有很多因为薪水从外企跳槽到了民营企业的人，都很难适应民营企业的工作环境。

"民营企业有自己的价值观、认知体系。当新旧价值观和认知发生冲突的时候，不适应的人只能选择离开，回到自己原来的圈子。

"如果我们公司能用招聘筛选或者企业文化熏陶的方法，使得员工的价值观趋同，并且能为他们提供良好的工作环境，让大家离开了就会感到不适应，还怕他们离职吗？也许在外闯荡一圈，觉得还是我们公司好，又回来了呢？"我笑着说道。

"可惜的是，我们部门目前只能做到，尽量给大家营造一个良好的工作氛围；尽量招聘一些价值观相似的人。但是董事长始终认为价值观、企业文化等都太虚无缥缈。我和他沟通过几次，他都显得有些抵触，只能作罢了。"

"也可能是他认为，现在不是做这个事情的时机吧！"我摇摇头，叹息地说道。

"难道就一点办法都没有了吗？就这样一直处在这种被动的状态

中吗？"雷颖这时的语气有些着急。

我知道她指的是什么，于是说道："如果你指的仅是你们部门，当然还是有办法的。把你的团队当作公司运营就可以了？"她可能比较诧异于我的回答，愣了一下。

"简单地说，就是公司是怎么做企业文化的，你就怎么样做团队文化。把团队看成一个公司来运作和思考。"我说道。

"明白了。但是，这种团队文化应怎样建设？从哪里入手比较好呢？"她继续发问道。

"我们可以用企业文化建设常用的CIS系统（图5-7）这个工具，来做团队文化建设。

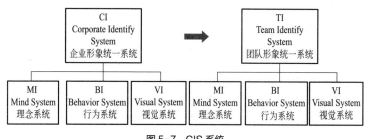

图5-7　CIS系统

"在CIS系统中有三个重要的要素组织，即理念系统（MI）、行为系统（BI）、视觉系统（VI），三者的应用方法具体如下。"

1. 梳理总结——理念系统（MI）

"理念系统（MI），就是我们常说的价值观，它可以是'奋斗、超越、诚信'，这样的口号，也可以是'把简单的事情做好，就是不简单'这样的励志语录，还可以是'没有结果的努力，就是无效'这样的工作要求。

"最重要的是，这些语句是你们团队经年累月不断积累形成的，而不是某个人今天新创的。你可以把这些语句找出来提炼一下，看看出现频率最高的都有哪些。那就是你们团队没约定过而形成的独特的价值观文化。

2. 归类应用——行为系统（BI）

"当我们把理念系统（MI）梳理总结完后，就可以归归类，把它们具体应用到员工行为的指导要求上，例如，员工见客户的礼仪、行为举止的要求、员工的办公室行为规范、员工对公司、上级、同事的沟通方式等。"我说到这里，看到雷颖皱了一下眉，于是停了下来，听听她是不是有什么问题。

她看见我停下来，就发问道："理念系统，我能理解，可是行为系统太复杂了，会不会让团队成员觉得有些浪费时间呢？"

看到她的表情，我问道："你希望你的团队成员是怎么样的一群人？是业绩很好、做事情没底线、特立独行、不服安排？还是有原则，善于合作、互助，积极向上的呢？"

"当然是后者，我们是一个团队，要互帮互助才能达成更大的业绩目标。"她毫不犹豫地说道。

"但是，事实上有些公司和团队会刻意向销售团队灌输'唯业绩论'，很多销售人员，自己在潜意识中也会认为，除了业绩其他都不重要。所以，销售团队往往是最容易出问题的。

"如果不希望团队的方向走偏，就要先告诉他们什么是正确的，然后把这些纳入考核当中进行巩固。比如：业绩考核可以占到绩效考核60%的权重，价值观类的考核占到40%。至于价值观类考核的具体内容，你可以按照重要程度自行决定。

"告诉他们的方法也有很多，可以是在培训或者开会中强调，也可以是在平常工作中进行沟通，不一定要弄出整套制度让他们阅读。当然，还有一个更有效的方法，就是我们说的第三个要素：视觉系统。

3.设计——视觉系统（VI）

"把团队的价值观、理念、行为准则，以视觉化的手段向员工表达出来，这种方式最有传播力和影响力，也更容易得到大家的认同。

"比如：我们可以让所有分公司的文化墙实现设计风格统一、呈现内容统一；可以设计定制特殊的桌面背景图、销售工作手册、销售部员工卡等。在这些员工最容易看见的地方，一遍遍通过潜移默化的形式，加深他们对团队价值观文化的印象。

"再辅以定期考核予以强化。不久之后，你就会发现团队成员逐渐开始有了更多的共识、更强的凝聚力，不良行为受到约束，良好行为得到鼓励，工作环境越来越好。这样自然也就没有那么容易被挖走了。"我解释道。

"这确实是一个非常好的方法，而且落地也没有想象的那么难。只要先总结提炼价值观，再传播出去，纳入考核。"雷颖总结道。

看着我点点头，她突然笑道："我好像又给我们两个增加了不少工作，看来以后还要继续做加班搭档了。"我反应过来和她一起笑了。

两年的时间一晃而过，销售部在雷颖的管理下，有了很强的凝聚力，业绩也一再突破新高。我们的合作也一直非常顺畅，我也见证了她的整个成长过程，真心为她感到高兴。

第三部分
从 HR 管理实践出发

以前，我的一个下属，在工作一年后考上了人力资源专业的研究生，毕业后，她又回到了公司工作。她曾经很困惑地问我："我们上学的时候，学了很多专业的工具、模型，还对很多行业标杆公司做过研究。可是为什么等真正在公司内部工作的时候，却总是感觉使不上力，说的、做的好像都是错的。"

　　我告诉她："因为从HR管理实践的角度出发，我们工作中最常碰到的难题，并不是选择用哪种管理工具，而是当我们身处于公司这个系统当中时，我们能否看清楚这个系统自身的特点，以及特定利益人群之间的利益交织。

　　"这一点很重要，因为它们既有可能是形成问题的根源，也有可能是制订落地解决方案时的阻碍。我们HR需要的是在充分了解这些问题根源后，能够因地制宜地制订有针对性的解决方案。并且还要考虑到管理工具、方式，本身的局限性，不要被困在其中，要能根据工作场景的不同及时做出优化，以便解决方案的落地实施，这点才是最重要的。"

　　在本部分，我将从招聘、培训、薪酬绩效等几个模块入手，将一些日常工作中碰到的和上述情况相关的一些工作场景分享给大家，供大家在工作中参考。

|第六章|
招聘是门技术

招聘，是很多公司的难题。很多人都认为，即便在这项工作上已经投入了很多预算，比如：扩大招聘团队和更多的猎头公司合作，却依然没有解决问题，人员缺口始终居高不下，入职率赶不上离职率；就算是高薪挖来的候选人，也不一定能与公司发展匹配。

为了解决以上的问题，本章节将从招聘职位分析、招聘渠道拓展、人才选拔、求职者故事等多个维度的真实工作场景入手，来帮助大家解决在招聘中遇到的较有代表性的问题，比如：我们到底要找什么样的人？去哪些地方可以找到？找来的人员怎么判定是合适的？等等。希望能够为大家提供更多的工作思路。

一、我们要找的是"谁"？

吴总的不满（业务部门的招人误区）

我进入 QMC 公司时，刚好赶上了公司完成对 7 家公司的收购。当我以为自己接下来的工作重点，会是人力方面管理的整合以及企业文化的融合时，CEO 却告诉我，招聘是我当下工作的重中之重。

因为在他的战略布局中，收购只是第一步，第二步就是扩张。这两步之间留给我的时间并没有很长。我需要在他走第二步前，让总公司包括其新并购公司的招聘工作进展得更为系统、高效，以便能够顺利过渡至第二步的扩张。

当我了解完总公司和所并购公司的所有招聘方面的问题后，感觉有点无奈，因为仅仅是招聘方面出现的问题，就已经可以写满好几页纸了。

比如：总公司的业务现在属于高速增长期，之前都是属于粗放式管理，没有形成体系化，使得招聘工作的效率严重受限；而 7 家已经被并购的公司，由于业务内容完全不同，使得招聘出现的问题也花样百出。

只是想着就觉得头疼，我起身打算去茶水间泡杯热茶，放松一下。经过办公区时，我看见新来的招聘主管徐峰，一脸愁容地坐在工位上，就上前拍拍他的肩膀问他，是不是碰到了什么问题。徐峰告诉我，最近为事业部吴总招聘的几个职位的候选人都陆续离职了。吴总这两天迁怒于他，认定是他没招对人，可是他自认绝对是按照吴总的要求招的，面试的时候吴总也显得很满意。怎么一离职就都成了他的错。

而且，为了能够让吴总满意，他最近的精力都放在了吴总部门的招聘上，导致其他部门的招聘工作进展缓慢。其他部门已经开始抱怨，嫌招聘速度太慢，没法满足业务要求了。我让他不要着急，把招聘职位的具体要求以及他与吴总的沟通过程说给我听听，再把那些离职人员的简历拿给我看看。

了解完这些后，我大致知道了问题所在。我告诉他，很多的部门负责人都有各种各样的招聘误区，大致有以下几大类。

1. 迷信大公司背景

很多部门负责人认为：大公司里的工作经验，就是一个人能力的最好背书；所以，他们在提招聘需求的时候，常常会提到，有某公司工作经历的人优先，或者就指定只要有某公司工作背景的人。事实上，他们真的招到符合上述要求的候选人之后，就会发现候选人的各种水土不服，不是工作表现欠佳，就是不稳定、易流失，和他们所希望的完全不一样。

事后复盘，他们才会去反思，到底为什么会变成这样？其实原因很简单：所处环境不同，需要的能力也不同。比如说：同样是市场经理这个职位，负责人期待他是"多面手"，恨不得他既能策划活动，又能疏通各种媒体关系，同时还能写宣传文案。

可是却忽略了对方在原来公司时有大笔的预算在手，很多事情根本不用自己做，只需提出一个想法，自然就会有各种外包公司为他服务。你也能为他提供同等规模的预算吗？你不能提供预算，他出不来工作结果，这个算谁的错呢？

相反，规模小一些公司出来的人，经常会面临少预算、少人手的情况，反而练就他成了"多面手"。

所以，工作背景不一定代表能力，招人的时候还要对候选人过往的工作内容进行综合考量，这也是负责人在提招聘需求时很容易忽略的。

2. 用人决策感性

部门负责人都有自己的用人偏好，这一点无可厚非。可是，如果有的部门负责人将这种偏好当成选人的唯一标准，或在决策是否录用时，这种偏好占到很大比例时，他往往无法找到合适的人。这就属于用人决策过于感性，缺乏理性判断。

比较常见的情况是：候选人和部门负责人是老乡或者彼此性格相似。这使得部门负责人在面试的时候，对候选人非常有好感，觉得一起工作会很愉快。可是这些部门负责人往往忽略了合作愉快有一个前提：该候选人真正具有工作能力，确实能做好工作，真的能帮助自己解决问题。

若是入职后才发现，对方总是无法达到工作预期，这种前期的好感也会快速被消耗殆尽。

3. 寻找"十项全能"员工

部门负责人提用人需求时有时可罗列十几条，感觉其招的不是候选人，是"十项全能"员工。可结果往往是：开出了很高的薪水，也依然找不到合适的候选人。

按照这些部门负责人的理解，虽然能力强的人要的薪水比较高，可是只要能招到，自己的管理成本就一定会降低，这种想法真是过于理想化了。

首先，也许部门内部的工作根本就用不着这样的人。用一句话形容：大材小用。

其次，这种人从来不缺工作机会。对部门负责人而言，自己要开出什么样的条件和其他公司竞争，才能将这种人吸引过来呢？你又要花多少精力和金钱留下他，防止他跳槽去别的地方呢？

最后，你花了这么多金钱和精力后，他真正带来的工作绩效，是否远超过你付出的成本呢？

不把这些想清楚、想明白，部门负责人又怎么可能招到合适的人呢？

当然，还有其他一些可能产生的招聘误区，所以在和各部门沟通招聘需求时，部门负责人可能对该职位产生的错误需求，也要被校正。

徐峰听完后，自己也总结了一下在吴总部门招聘过程中出现的问题。他发现吴总似乎特别喜欢招聘"十项全能"的人，当时自己其实也有些顾虑，但却没有及时和吴总沟通。所以往往按照他的要求招来候选人后，候选人总是感觉和自己的期望有差距，才会选择离职。徐峰准备找时间再和吴总沟通，重新校正一下用人需求。

一段时间后，有一天我看见吴总来办公室找徐峰，夸了他半天，说他工作比以前细致，招人精准。看来沟通已有成效。

寻找试点（明确甄选标准）

和徐峰的谈话，也对我也有了新的启发，回到办公室我马上用笔写下"引入工具，杜绝主观意愿带来的偏差"这句话。

现在我们面临的招聘难题虽然很多，但是归结起来大体只有三大类：①明确我们到底要找的是"谁"，②去哪些地方可以找到，③怎么判定找来的人员才合适。

而"明确我们到底要找的是'谁'"，则是我们第一步需要解决的问题。如果我们能有明确的甄选标准做指导，同时也能让招聘的需求方（各业务部门）和执行方（招聘人员）深入地了解该甄选标准，就可以避免吴总这类业务部门领导因其主观意愿主导而造成的选人误区，同时也可以节省双方很多用于沟通、磨合、试错的时间，工作效率自然就会提升很多。

我在认真思考后决定，工作的第一步从胜任力模型开始做起。我想先选一个试点，小规模试验一下。

考察了一段时间后，我将试点选定为一个公司内部正处于"孵化"阶段的科技项目。项目负责人一共有8位，全是国外名牌高校的毕业生。他们选择的项目很不错，公司的投入也不少。但是却总是招不到合适的人，项目总人数没过百，离职率却可以排到集团所有项目的前五。

我和这个项目的总负责人简单地聊了一下，他们就很爽快地答应了帮我做试点。可能是因为他们都很年轻，对于新鲜事物接受的程度高，也都愿意尝试一下。

在谈完后，项目负责人有些不好意思地说，想耽误我几分钟，顺便请教我一个有关招聘的问题。随后，他提及，他们目前在招聘的职位中有一个项目总监的职位比较着急，一直没有招到合适的人；就算偶尔碰到符合要求的人选，也留不住对方，这让他们很头疼。他们想让我帮忙看看问题到底出在哪里了。

我看到他们在职位任职资格中这样写道："拥有全球化视野，要能带领公司向国际化发展。"这句话不仅写在了最重要的位置上，还做了特殊标记。后面他们还提了很多别的要求，如，要有大公司的工作背景、做高管年限要足够等。

看到这里，我就知道他们的问题出在哪了。但我并没有说出来，也没有打断他，而是耐心地听着他介绍情况。

听他说完后我问他，他们打算招的这名项目总监，最希望他能够解决的问题有哪些。他回答说，主要是协助他做好项目的各项监督协调工作。

随后，我又问他要求对方有国际化视野，是因为这个项目有往国外发展的规划或者其他什么业务拓展的想法吗？他否认了，只是强调说，他们几个负责人都是从国外留学回来的，这些教育背景对他们的项目理念有很深的影响。如果这名新人没有在国外生活、学习的经历，双方可能会不太容易沟通。

这使我更加清晰地意识到，他们或许对自己要招聘的人需要拥有什么样的技能、知识、经验有一定的了解，但是对于什么样的人能更好地胜任这份工作，却没有仔细思考过。

公司处于不同发展阶段，对于经营方面的需求是有很大不同的。就算要请专业背景强的员工，也大可不必花好几十万元的年薪，招聘有大公司背景的高管。这样做的结果，大幅度增加用工成本不说，也不一定能留住对方。

随后，我的部门对他们认为曾经在面试中表现优异的项目总监候选人和表现称职的候选人都进行了行为事件访谈（BEI）。总结出了这两类人行为和思维上的不同，找到了三项核心素质，分别是逆向思维解决问题的能力（陷入困境，可以用逆向思维探索解决方案）、跨文化人际敏感性（在不同文化交汇的情况下，可以灵活应对）、迅速融入相关供应商网络（能迅速了解并融入相关供应商的人际关系网络中）。

找到这三项核心素质后，很快我们就对原先的甄选标准做出了调整；还附上了一份该职位的结构化面试题，给他们的项目负责人做参考，辅助他们招聘。后来，这个职位很快就招到了合适的人，这也使得项目负责人对这种方法更加认同，他们的招聘效率也有了大幅度提高。

有了这个成功的案例后，我将自己的初步想法和CEO进行了沟通，但是开始并没有直接说出我们已有试点的事，不出所料他看上去很犹豫。

"我知道的一些公司老总也做过这个，花了很多钱和时间，最后也只是放进资料库里不了了之，并没有产生多少实际的意义。而且，它看上去是一个涉及面很广的工作，需要很多人支持和配合，也会耽误一些其他方面的工作。"他听完我的想法后，皱着眉头提出了自己的疑虑。

"其实，招聘工作并不是仅从各个渠道招到人就算完成了。如果招到的人没过几个月就离职了，那么我们就只能继续招聘。这一过程里公司付出的各项隐性成本，往往比看见的要多得多。

"比如：我们现在的招聘需求中，65%都是可替代性职位。在这65%中，30%是2年以内离职的、20%是半年以内离职的、15%是一些特殊情况造成离职的。而在我们的行业中平均离职率约为30%，也就是说，如果我们能降低35%的离职率，就代表我们在招聘方面的投入会随之大幅度减少，效率也会随之提高；反之，如果降低不了离职率，我们就只能增加投入。

"这就是我们现在所面临招聘难题的核心。想要解决这一难题，简单来说就是解决'开源（增加招聘渠道）''节流（降低流失）'的问题。从目前的情况来看，单纯扩大招聘团队、提高招聘技巧、优化系统、增加预算等诸如此类的方法以前都有尝试过，可是效果并不是很理想。

"所以，想从根本上解决问题，还是要建立起人才供应体系（解决开源问题），加强人才生态建设（解决节流问题）。而胜任力模型的建立，就可以为这些工作开展提供基础。"听到他的疑虑后，我如此解释道。

他听后点点头，示意我继续。我接着说道："集团现在在做合并，但是这些被合并公司以前的管理人员的用人习惯并没有改变。大家还靠着以前的经验和主观认知在选择候选人，所选到的人也并不一定和集团的需求相匹配。而有了胜任力模型后，就可以给合并进来的公司提供清晰的甄选标准，我们就能选出更合拍的候选人。

"我们也可以根据这个模型开发相对应的'结构化面试题库'，更好地辅助业务部门的负责人来推进这项工作。而且，目前我们也已经有了成功运行的案例，相关负责人对这个方法也很认同。"

CEO听完，终于答应我们可以尝试开始做一阵，但他还是抱着很谨慎的态度，要求我们先从总部开始做，成熟之后再做推广，一步一步稳扎稳打地推进。

后来随着这项工作的开展，很多部门负责人开始认可我们的工作内容，对于要招什么样的人有了更清晰的认识，而且特别喜欢我们设计的结构化面试题库。这些正向的反馈，也让CEO加大了支持我们工作的力度。

二、我们去哪里找？

紧急求助（招聘渠道分析）

同样的招聘渠道，在不同场景经不同人员的使用，有时会产生极为不同的效果。所以当招聘渠道出现问题，我们首先要对渠道进行分析，看看到底是哪个环节出现了阻碍；之后再看这些问题能不能用其他的方法解决，或者靠对原有渠道进行优化来进行处理。

我们还在忙着做总部胜任力模型的时候，我收到了刚被并购的MD（一家物流公司）分管运营的副总电话。他告诉我，原先的人力资源负责人刚刚办理了离职，但是现在天津分部有一个站点发生了一些特殊情况：除站长外所有人员集体辞职；现在整个站点的工作都处于停滞状态，这样会给业务造成很大的影响。站长向他紧急求助，他也希望我能帮忙协调一些人手。

我马上和他们现在的招聘主管沟通，了解了一下情况，随后让她安排刚刚到总部报到的40名原本要分配给另外10个分部的实习生，统一调配到该分部站点并即刻上任，解了燃眉之急。

"这问题是解决了，那剩下这10个分部的人员缺口该怎么补？我从哪里再马上招40个人？"招聘主管王雪不满地嘟囔道。

说实话，我也是第一次接触这种类型的公司，没想到第一次接触蓝领工人的招聘工作，就碰到了集体辞职这样的事情。

据我了解，MD现在内部负责蓝领招聘的，只有现在这个招聘主管王雪。因为她的工作性质特殊，区别于普通招聘，所以她都是直接向运营副总汇报工作。

MD公司的领导希望我能够优先解决一下他们的招聘问题，提前介入蓝领招聘工作，梳理一下招聘的渠道，看看还有没有优化的空间，顺带管一管目前工作状态很倦怠的王雪。

但是，这个领域无论是对我还是集团总部的招聘人员来说都太陌生了，所以，我还是决定抽几天时间，先和王雪一起做一下一线的招聘工作，了解一下大致的情况。

转天，她就给我介绍了现在的招聘情况以及一些招聘渠道。她的介绍很敷衍，我只能自己看各种数据分析，或者向一些同行朋友请教。我发现，公司内的蓝领招聘渠道大致如图6-1所示。

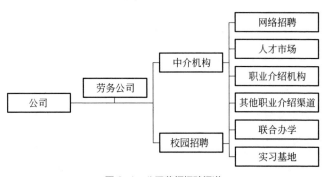

图6-1 公司蓝领招聘渠道

虽然近几年蓝领的招聘市场上涌现了很多新的模式，比如B2B、B2C等，但是都不算很成熟，存在各种各样的问题。所以有相当一部分公司和MD一样，还是选择了传统的以中介机构、校园招聘两大渠道为主的招聘方式。

当所有招到的人员到位后，再统一和劳务公司签订劳务派遣合同。只是，MD和其他公司的区别在于，所选的劳务公司并不负责直接给MD招聘。

梳理完渠道之后，我又将同类公司和MD的各渠道的招聘数据做了一下对比。毕竟同样的招聘渠道，在不同的公司，往往招聘效率会有很大的差异。这通常是由各公司的公司文化、用人标准、行业特征等不同造成的。对比市场中同类公司的招聘渠道数据，也是为了更好地把这些不同和差异找出来并具体分析，找到最适合公司的招聘渠道。

很快，当我将两组数据放在一起时，就发现了具体如表6-1所示的差异。

表6-1　招聘渠道数据对比

序号	名称	渠道类型					
		中介机构				校园招聘	
		网络招聘	人才市场	职业介绍机构	其他职业介绍渠道	联合办学	实习基地
1	市场参考	20%	10%	40%	10%	5%	15%
2	公司现状	20%	10%	15%	5%	0%	50%

在网络招聘、人才市场这两个渠道的招聘数据，MD基本和行业趋同，候选人转化率都不高，所以在总体招聘里占比也不高。

我们和市场同类公司招聘渠道的最大差别，在对职业介绍机构的使用上，MD要远低于市场同类公司。而对校园招聘的使用，MD又远高于市场同类公司。

发现这个问题后，我又和运营部的副总，以及一些分部的负责人详细了解了一下，发现这种差别主要还是由我们的用人标准造成的。我们的运营基层员工，具体的招聘标准如下：

① 年龄在18～22岁之间；

② 物流专业毕业／同行工作经验；

③ 大专及以上学历。

这看上去非常简单的三条标准，其实已经刷掉了一大批潜在的候选人。对此运营部门给出的解释是，公司目前两极分化比较严重，管理层都是高学历、拥有良好教育背景的专业人士；而运营一线则是学历普通的员工。他们在公司内部，可能的晋升"天花板"就是分部负责人，所以人员流失情况很严重。只有极少数的人，留在公司的时间会比别人稍微长些，但是最多也只有7年。一旦晋升为管理层，有一定管理经验后就会选择快速跳槽。所以，公司现在大部分的一线员工，年龄在18～22岁之间。

尽管如此，运营这边还是希望能够在员工中更多地培养出骨干以及基层管理人员，所以对员工的学历、专业才会有相应的要求。而这一点也与我们现在人才任用的原则相符合，所以更改的可能性不大。

但是即使拥有这样高的准入门槛，MD依然有着和其他公司一样的，诸如招聘周期短而急、人员不稳定、流失量大等特点。

这就造成了中介机构很难能按照MD运营部门的要求，大批量地提供合适的候选人，所以之前他们只能从校园招聘入手，批量获取合适的员工。这也是为什么校园招聘的比例占一半的主要原因。

渠道拓展临时小组的成立（招聘渠道管理）

反复比对招聘的各项数据后，我还是觉得应该先从校园招聘这个渠道入手，看看有什么办法能将渠道做得更好，提升整体招聘效率，才是当下最重要的事情。

我先去看了一下由王雪维护的校园招聘渠道信息登记表，发现目前合作过的学校，只有45家，且大部分的招聘来源都来自其中合作时间较长的15家学校。

表格的问题非常多，比如，我尝试随机打过几个表格中的联系电话，竟然有好几个是空号；各个学校合作的情况，也只是在备注栏里随意一提，除了记录者本人外，其他人很难通过这个表格了解到具体信息。

看完这个表格后，我又问了王雪几个问题：全国有物流专业的大专院校有多少家？在全国大体的分布情况如何？有没有职高或者中专类学校，有我们所需专业的大专班？如此等等，她的表现是一问三不知，只是一直在和我强调，现在学校内抢人很厉害，我们提供的薪资没有特别的吸引力。

我之前从运营副总那里了解到，大概三个月后，他们会在各城市增加站点以进一步进行业务拓展。而目前这个招聘工作的开展情况，与王雪本人的工作状况一样不尽如人意，根本没有办法应对业务拓展后的用工需求。

为了改善当下的情况，我在部门会议中提出了几点整改的要求。

1. 组建渠道拓展临时小组

小组成员由我、从总部调来的招聘经理以及MD原先的招聘经理、招聘专员和王雪五个人组成。我参考运营部门的分布情况，将学校分为东、南、西、北四大区域，四人各自负责一个区域，主要负责区域内学校渠道的拓展工作；我负责整体督导。

2. 完善校园招聘渠道管理表格

小组成员，需要筛选出各区域内符合我们合作要求的学校，与其建立联系并将信息完善进如表6-2所示的校园招聘渠道管理表；同时，要按照表中的合作评级标准，给学校进行分类评级（表6-3）。

3. 分工调整，设立特别佣金

渠道拓展完成后，由MD原先的招聘经理负责对整体的招聘情况进行监督，在新的人力资源负责人到任后向其汇报。王雪负责两个区域的校园招聘与全国其他渠道的一线员工招聘，还有所有人员的入职手续、培训等。剩下两个区域，依然由原来的招聘经理、招聘专员各自负责拓展渠道内的校园招聘。

表6-2　校园招聘渠道管理表

序号	名称	物流专业班级数量	班级人数	可实习时间	实习期	毕业时间	学校所在区域	学校所在城市	是否有过合作	合作评级	联系人	联系电话	备注
1	A学校	2	80	1～6月	6个月及以上	7月	西区	郑州	是	A	刘××老师	13××××××××××	负责老师可能7月要更换，6月要确认新老师情况并建立联系
2		0	0	0		0	0	1					

表6-3　学校分类评级表

序号	合作评级		评级注释
1	A	重点维护	生源50人及以上，可实习期6个月及以上，合作时间两年及以上，关系稳定
2	B	重点维护	生源50人及以上，可实习期3个月及以上，合作时间不限
3	C	日常维护	生源15～50人左右，可实习期3～6个月及以上，合作时间不限
4	D	待考察	生源30人及以上，可实习期2个月及以上及以下，合作时间不限
5	E	待开发	有15人及以上生源，实习期2个月及以上，尚未合作

如果员工实习满2个月，或者正式入职、入职满一年，分别为招聘对接人按照不同比例结算特别佣金，如此也大大提高了招聘对接人的收入。

除此外，适逢业务用人高峰期，还会设置特别奖金，激励在此期间招聘工作表现突出的人员。

4. 以运营站点为地域核心，建立招聘矩阵

为了能快速满足运营部门各分部站点的用人需求，减少因突发人员变动情况对业务的影响，我们以各站点为地域核心，梳理附近所有可用的渠道资源，和校园招聘的渠道相结合，建立综合的招聘矩阵，以确保能及时向各站点输送员工。

当我提完整改要求，部门内快速成立了渠道拓展小组，大家的工作就如火如荼地展开了。每天下班前，我们都会一起复盘渠道拓展的情况与碰到的问题，一起出谋划策找出解决问题的办法。

一个多月后的某一天，我开完会回到公司，发现大家都下班了，只有王雪一人还在办公室加班，这是之前很少有的情况。

她见我回来，主动和我攀谈起来。她说，自打自己来这个公司后，前面负责这块招聘的人就离职了，只是留了一堆资料，没有任何交接。她只能自己一个一个打电话联系，重新开拓渠道；一直以来她都认为自己做得很好，至少公司特别着急要人的时候，她没有因自己的工作而拖后腿，所以平时工作就不是很积极，也感觉工作没有什么挑战，晋升似乎也没有希望，于是就能混一天是一天。

我做的很多事情，开始她是不认同的，认为太小题大做了；在她看来，没有必要做到那么细，太浪费时间和精力，暂时够用就行了。可是真到做起来的时候，却发现收获真的很多。

比如：河南、四川这样的用工大省，很多学校学生早早就被各个公司提前预订走了。去招聘的公司太多，学生也挑剔，不看发展、前途，就直接对比薪资水平。所以，看似生源很多，实际能来我们公司的却少之又少。

而且，中专或职高学校，她以前的确没考虑过，没有发现这些物流专业的大专生其实来公司的意愿很强。

我告诉她，做招聘的人都很聪明也很努力。咱们能想到的，往往别人不仅想到了，说不定还试过了。但是，这也不代表别人做了，我们就没有机会了，也不要惧怕去做别人做了但没做成的事。要透过现象看本质，更多聚焦在我们做不好这件事的原因和干扰我们进度推进的因素上，要思考怎么去排除它们，甚至可以用最笨的方法，一点点去摸索。

只有这样，才能从各种繁杂的信息中寻找到适合我们平台的招聘办法。而且，这个方法也可以用在工作的方方面面。她听完后也认同地点点头。

三个多月的时间过去了，经过我们的集中拓展，校园招聘渠道已经形成了系统。单是借助此渠道，我们的招聘人员占比就比往年提升了10%。另外，综合招聘矩阵的建立也帮助运营部门及时补充了员工，在分部站点业务拓展中起到了重要的作用。

王总的需求（渠道拓展新思路）

忙完MD的事情后，我回到公司开会，CEO就提到公司内部孵化的几个创业项目逐渐成熟的事情，我隐约觉得CEO此时提这个事，是有了让这些项目独立的想法。

如我所料，接下来的高层管理会议上CEO就正式提出，让这些孵化的创业项目单独运作，独立核算，公司后续的资源也会向新项目倾斜。

这本来是一件好事，但是新项目的总负责人王总在听完CEO的话后却反应很平淡，CEO大概看出他的情绪不高，就在会后把我们两个都留了下来。

"新项目单独成立公司运营后，人员一定要配全了，人力资源、市场等这些职能部门的职位，该招聘招聘，不用太卡编制，只要王总那边有需要，你们尽量配合就好。"CEO跟我嘱咐着，但是眼睛却一直看着王总。

可王总还是保持沉默，我看着CEO不自在的表情，就打破了尴尬，问王总："您对接下来招聘这边的工作，有什么具体的要求吗？"

"我的要求重要吗？我说什么也没人听，我说出来又有什么用？"王总情绪化地回道。

听到这里CEO终于忍不住了："你这是什么态度！谁不听你的意见了？你的想法不是那么周全，我作为上司还不能说你几句了？

还不能调整一下？"这话一说完，两个人就开始了你来我往的争执，谁也不肯让一步。

谁能想到，这两个年纪加一起都快100岁的人，闹起脾气来就和大男孩一样。

不过，我也逐渐听明白了事情的原委：CEO认为新项目成立分公司运作，运营才能更为规模化，所以要先把职能部门的人招全了，这样才能更好地开展业务。可是王总却不同意这个观点，认为这些项目虽然取得了一定的进展，但是还没有到扩张的时候。还是希望暂时不招聘职能部门的人，再让总部职能部门扶持一段时间。

CEO就有些急了，认为总部职能部门的工作量已经趋于饱和，无法支持新业务的快速发展，王总又始终不松口，于是CEO就直接在会上宣布了他的决定，这才造成了现在僵持不下的局面。

"不论用什么方式，两位其实都是希望新项目能够发展好，大家最终的目标是一致的，对吧！"我看气氛有些紧张，连忙插话说道。这两位听我说完，都没说话，算是默认了。

"那王总，您能告诉我您主要担心的是什么吗？我想想看，有没有方法可以解决。"我继续说道。

王总看我说话的态度挺诚恳，也不好意思再拿着架子，于是告诉了我他的顾虑：现在，这些项目离真正盈利还有一定距离，这也代表失败的风险还很高。所以，在前期他希望这些新项目是轻资产、轻人力的运营模式，这样可以降低投入的成本，本身也较为灵活，大家也就可以将更多的时间和精力放到产品、市场这些真正有价值的事情上。

如果招进一堆职能部门的人，人力成本大幅度提高不说，管理的成本也高；大家都在忙着定规章制度、管人，哪有那么多时间和精力做好产品。

这时，我也理解了王总和CEO之间最大的争议点在哪里，于是说道："王总，我理解您的担心，但是领导说的总部职能部门的工作量趋于饱和也是实情。

"您看这样行吗？我回头和您一起分析一下，新项目都有哪些需要职能部门支持的工作。我们可以根据不同的用工场景，用一些灵活的用工方式，不一定要招聘全职的员工。这样，也可以大幅降低人力和运营的成本。您看可以吗？"我说道。

"灵活的用工方式？"他不解地看着我问道。

"比如说：在线工作平台，我们可以把这些有技能的年轻人集中起来，以公司发布的任务或项目为中心，快速凝聚成一个能协同办公的团队。团队中每个角色都有自己的专业特长，任务完成后这个团队就会自动解散。

"再比如说：人才闲时租赁，就是让更为高端的专业技能人才，例如财务总监、人力总监等为我们服务。我们双方并不产生隶属关系，我们只为工作交付的质量买单。

"这些灵活的用工方式，能让我们用低成本使用专业技能人才，这样就可以助力新项目，实现轻人力的目标。如果平台选择的好，还能为工作任务交付的质量提供保障，大大提高用人效率。而且现在这些灵活的用工模式也是未来发展的必然趋势。"我解释道。

王总听后点点头，CEO思考了一会儿后也认可了这个方案。之后公司就将这种用工模式逐步在新项目中推广和使用。因为后期使用的效果大大超出了王总的预期，所以他也一直在CEO面前推荐，希望总部也可以尝试使用这种方式。

其实，那一次也是我第一次真正使用灵活用工的模式来解决公司内部的问题。随着"零工时代"的来临，这种新型的用工模式正在变得更加成熟。现在，虽然它只是我们在解决招聘问题时多出的一个可选项；或许将来的某一天，在大环境不断趋向于降低人力成本的情况下，它会成为我们招聘时不可或缺的一个必选项。

各自为政的不良风气（让内部人才流动起来）

经过MD分公司招聘和孵化新项目的事件后，我们将集团所有招聘渠道的过往数据进行了梳理、对比、优化，使得公司总体的招聘效率有了明显提升。

某天，我接到了CEO的通知说要一起开会。他的语气听起来很严肃，这让我意识到可能发生了什么需要我处理的比较棘手的事。而且开会前，CEO办公室里传来了很大的像是在争吵的声音，我在办公室外听得不是很清楚，只知道他发了很大的脾气，从办公室出来后CEO就直接走了，会议也被延迟到了第二天。

第二天一早，他把我叫到办公室，直接开口就说："公司现在的风气不太好，各自为政的情况非常突出，现在都敢来和我谈条件了，你有什么好的解决办法吗？"虽然他没有直接告诉我昨天具体发生了什么，但是我猜和今天他说的这番话必然有关。

"轮岗！"我毫不犹豫地说道。

他低头重复着我的话，似乎在思考着可行性。于是我接着说道："如果让管理者长期在一个地方任职，确实比较容易在所管部门形成复杂的关系网，也容易出现拉帮结派的行为。这不仅会让内部员工正常的晋升通道受阻，还有可能会让管理者有机会产生投机取巧的心理。"

"往最坏的方向考虑，这种情况积累到一定程度，还有可能会发生要挟公司、集体跳槽、带走客户等恶性事件。"说到这里，我明显看见CEO的脸色变得越来越难看。我想我的话大概刺激到了他。

"其实这和现在的管理机制也是有很大关系的。如果我们打破它，相应的问题就能得到解决。"我继续说道。

"可是，让他们放下目前所有的一切，去陌生部门轮岗，估计不会有人答应吧？"他继续向我问道。

"我们可以分几步走。先把轮岗变成一个软指标。比如，现在公司刚完成并购，被并购的公司正在做组织调整、文化融合，这个时候很容易人心不稳，这是事实，如果他们能去轮岗支持3个月，帮助并购公司渡过难关，可以许诺调整明年的薪酬福利，晋升也会优先考虑。

"另外，就是要在公司里造势并烘托气氛。要让大家感觉这个轮岗并不难，但是如果选择不去，基本上在公司的发展就只能止步于此了。

"大家同在一家公司，长时间共事，难免会相互比较，气氛到位了，那些原本对轮岗有些抗拒的人又感觉不到会失去什么，自然就都会参加轮岗了。

"刚好现在集团胜任力模型的搭建项目也已经完成，并且制作了手册，基于此的招聘、人员培养的工具开发也快要完成。

"到时候，我们可以在他们轮岗期间完成对员工的盘点以及高潜人才的选拔，同时开展继任者管理计划。让员工可以融入公司这个大家庭，增加对公司而不是部门的归属感，打破原先固有的格局。

"另外，如果在这次轮岗中，有人表现得不好，您也可以提出警告。面对来自CEO的警告，他回去之后，一定会反省自己。最重要的是，部门内部的氛围已经不同了，他自然也不可能像以前一样，掌控一切。"我接着说道。

此时，CEO似有深意地看着我，笑着说："这就是我上回没太同意你的内部人才供应计划的一部分吧！"我有些尴尬地笑笑，算是回应了他。

接着他说："你可以去试试，我可以给你一份我个人认为需要重点参与这个轮岗的名单。如果你成功了，我会全力支持你这个内部人才供应计划。"

听到他这么说，我突然感觉自己的压力很大。好在这次轮岗，达到了预期的效果。

而我也以此为契机终于给公司建立了一套比较完整的人才供应体系。让公司内外部人才的供应可以互相合作，使人才供给更为稳定。

在这个轮岗事件发生之前，公司在内部人才的选拔机制方面几乎是空白的。我很清楚，公司内部人员流失率高，有很大一部分原因，就是员工认为自己在内部缺乏发展的机会。所以，解决好了这个问题，不仅能减少流失率，还能促进人才在公司内部的合理流动，激发组织的活力。

但是我却迟迟没有着手开展这个工作，因为管理机制的制定和完善，在日常工作中往往不是最困难的。我最担心的是公司内部没有可以让这个内部人才选拔机制存活的环境。这和企业的文化、高层管理者的意愿息息相关，而我们人力资源的力量，此时就显得捉襟见肘了，并不足以独自推动这样的项目。

比如：我们做了内部招聘制度、轮岗制度，结果部门负责人不愿意放人，高层管理者态度模糊，这些都会让这项工作的开展流于形式或者不了了之。

当时看，公司的企业文化确实没有让人才流动起来的基因。企业文化的改变，通常都是长期而艰难的。我只能更多地寄希望于CEO，但是我们之间的沟通缺乏一个契机，一个我能说服他，同时他能听得进去并支持我的契机，而这次的轮岗事件就刚好给我们双方提供了一个这样的机会。

后来，大家都逐渐开始认可这种模式，离职率有所降低，招聘的效率也提高了不少。

三、怎么判断候选人是否合适？（测评篇）

看简历讲故事（用简历描绘出候选人画像）

有一天，之前做胜任力模型试点那个团队的年轻负责人再一次找到我。他说，他们为了把面试这个工作做好，不仅会在面试中使用我们开发的面试工具，还自学了很多招聘面试的技巧，甚至他还会亲自对要入职的人做背景调查，可是依然感觉招聘效率很低。

但是他在上次和我闲聊时发现，我只看了一下简历，便可在短短几分钟的时间里描绘出一个从没见过面的员工的性格和过往经历，而且描绘的结果和他们花费大量时间面试、入职试用得出的人员评价有八成相似。他们都感觉很神奇，思考过后，他们表示非常想一起来学习一下，借此提高团队的整体招聘水平。

听到这里，我真的非常佩服他们的执着和乐于研究的精神。他们毕竟不是专业人士，但为了做好招聘，却肯投入那么多时间学习。

刚好此时我们招聘团队内部也出了一些问题。我们为保障每位面试官的工作效率而配备的人力资源专业的实习生，最近在简历的筛选上出现了很多疏失，总是把握不好筛选的标准，而且实习生们的变动也比较频繁，经常换人。

为了解决这个问题，招聘团队的负责人也做了很多工作，比如：制作实习生招聘工作手册。将需要实习生负责的招聘工作内容统一化、规范化，形成标准的工作流程。还让几个面试官一起将简历筛选的要点做成附件，附在手册中，以便实习生能快速上手相关工作。

虽然做了一系列的努力，但是面试官们还是对实习生筛选简历的表现有些不满。经过大家讨论后认为，主要问题是在于实习生们的人生阅历太少，看简历时缺乏一些感觉，所以做判断的时候才会有偏差。

所以，我打算做一场培训，名字就叫作"看简历讲故事"。主讲通过对候选人的简历分析，讲一个关于候选人的人生故事。

来求助的项目负责人马上就同意参加；实习生们听到这个培训内容后，也都特别开心，觉得这个培训一定很有意思，参与的积极性也很高。

可能由于大家对这个话题特别感兴趣，培训还没开始，就叽叽喳喳地讨论不停。

大家讨论的气氛十分热烈，似乎都忘记了我这个主讲人的存在。

培训一开始我就罗列了：想要通过看简历做好候选人分析的三

步走。

第一步：描述轮廓（他是谁？）

"我们要从简历中先看看候选人都在社会、家庭中扮演什么样的角色。他的个人标签都有哪些？比如：在社会中，他是投资专家、顾问、投资协会理事、音乐创作人，从大学时一直是学生会长等；同时在家庭中，他已婚、已育；他是上海人、双鱼座、O型血等。当听到这些时，大家有什么感觉？"我停下来问道。

"好像，心中隐约看到了这个人的大致形象。"一个女孩回答道。我点点头，继续说道："当我们心中有了这个人的大致形象后，就要开始分析的第二步。

第二步：寻找冲突（他在纠结什么？）

"你们可以先从刚才有限的轮廓信息中，找找看有没有什么你们觉得不合理或者有冲突的地方？"我继续发问道。

"我有一个疑问，感觉是挺冲突的点，做投资的人给别人的感觉都是比较理性的，数学好、精明。可是他还是音乐创作人，这个爱好怎么看都不像做投资的人会有的，太浪漫了。"一个负责人说道。

我听完后笑笑说道："非常好，你来想象一下，这样的性格从事这样的工作，他会纠结什么？"

"我觉得，如果我从事的工作，不是我真心喜欢的，尽管它能给我带来很多金钱，可是内心还是会时不时冒出来不要干的想法！"他认真地答道。

第三步：寻找期望（他想要什么？）

"那按照上面给出的这些信息，有没有人可以猜想一下，我们的第三步，即，他想要的是什么呢？尝试综合上面的信息，谁能去描述一下关于他的人生故事？"我继续发问道。

"我觉得他既想继续打造目前这样的金融从业人员的个人形象，让自己更完美，比如进入更有背景的大公司，让自己显得更有价值，又想摆脱现在的个人形象，他应该更希望找到两者之间的平衡。我感觉，他应该是一个内心敏感、浪漫的人。但是周围的人对他的要求很高，希望他能赚更多的钱，有更高的社会地位。为了不辜负大家的期望，他一直努力打造一个自己并不喜欢的人设，并且苦苦挣扎，感觉这个人有点可怜。"一个女孩抢答道，说完还深深叹了一口气，来表示对这个虚拟人物的同情。

大家看到她的样子后都笑了起来，经过几轮讨论后，大家也都不再拘束，描述候选人故事的时候脑洞大开，想象力十分丰富；而且很多冲突和期望的点，分析得还是很有道理的。还有人感慨到，分析人也不是很难。

当大家讨论结束后，我总结道："我们的这些分析和猜测，不一定是正确的，但是却给我们的面试提供了很多参考。比如，你可以在面试中验证一下，候选人和他简历中描述的是不是一样，如果有差别，造成这种差别的原因是什么。候选人简历中透露出来的冲突和纠结，是否会影响到他目前的工作表现、未来的发展潜力或者任职时间的长短。候选人内心真正想要的是否和我们的价值观相契合，我们能提供给他的工作内容、办公环境是否对他有足够的吸引力等。经过这样的反复验证，就能让你们对候选人的把握越来越准确。这个练习你们可以私下去练，看完简历后试想一个候选人的故事。在候选人来面试的时候，对自己的猜想做一个验证。"

这次培训后，实习生们干活的热情被点燃了，大家每天休息的时候都在聊，今天来了什么候选人、自己之前的猜想是什么、印证了哪些是正确的。简历筛选的准确度也逐步上升，他们还自发形成了老带新的局面，给我们省了不少心。那位来请教的项目负责人也打开了他招聘的新局面，顺利了很多。

第一批扩张任务（无领导小组面试的使用特点）

很多人对于无领导小组面试方式的印象，还停留在校招（即校园招聘）。其实，无领导小组面试法的应用范围非常广，覆盖的层级、职位也很多，而且非常适用于快速扩张式的招聘，能帮助我们全面评估候选人的行为特点。

提到这个面试法，是因为我收到了第一批扩张的任务目标——一年时间总部要完成1500人的招聘工作。

我开始算一笔账，目标是一年1500人到岗。但是有些职位的离职率相对较高，不到一年就会有离职人员出现，需要重新招聘候补；行业的离职率为25%，也就是说，我们实际需要到岗的人数需要向上浮动25%，也就是1875人。我们目前的录取率是20%，也就是说我们至少要面试9375人才有可能完成任务。

除此之外，这背后还有相当多的工作要做，比如数以万计的简历筛选、面试邀约、面试安排、发放录用通知、薪酬沟通以及各部门招聘需求的沟通等。

想来想去，我觉得还是先想办法提升面试效率，才是当下最重要的事。我先开了个会议，让招聘团队讨论出一个相对成熟的方案。大家的想法和我的判断一样，要完成这么多的工作量，就要使用特殊的面试方式，而小组面试（无领导小组讨论）无疑是最佳的选择。

比如，我们可以先给通过简历初步筛选的候选人发邮件通知他们参加线上测评表，按照不同职位把我们已经做好的测评表，包括基本潜能、职业倾向、适应性、综合素质等先测一下。然后我们可以根据具体的测评分数，先淘汰分数最低的一批，再组织剩下的人来参加小组面试（无领导小组讨论），这样效率就会提高很多。

这种面试方式，以前最常使用在校园招聘的海选上。用在有工作经验人员的招聘中，候选人是否会有抵触，这点让我有些担忧。但是招聘团队的负责人自信地告诉我，可以在邀约面试过程中优化一下说辞，让候选人降低抵触的情绪。

我们选择这种面试方式的原因，主要有以下几点。

1. 覆盖面广，考察的内容比较灵活

这种面试方式可以应用到不同层级、不同职位的考核上；题

目的设置很灵活，还可以根据不同职位定制开发个性化的题库。

2. 方便同批候选人横向比较

这种对同批候选人的横向比较，能大大提高面试官的工作效率。

3. 准确对候选人进行行为评价

我们前期的简历筛选、测评都是在对候选人进行一种个性轮廓的描述。我们需要证据去证明这种描述的可靠性。最好的方式就是，把候选人放在群体中，去实际观察他们和人沟通、交往的能力以及在团队中扮演的工作角色和工作特点。这能让面试官更为综合地对候选人得出全面的评价。

4. 减少候选人掩饰自己的机会

在笔试、面试、测评中，候选人都容易掩藏自己的缺点。而在一群候选人相互合作的时候，就比较容易暴露出自己真正的实力。

别人对我的评价是"合群"（在无领导小组面试中评估候选人）

他们当时选择的第一个使用无领导小组面试法的职位，是招聘主管。那场小组面试，给我留下了很深的印象。

一个白白净净的男孩，一开始就在8人一组的应聘者中吸引了我的注意力。在进行自我评价时，他说别人对他的评价最多的就是"合群"，他很擅长和人打交道，有一定的承压能力。

不知道为什么，他总给我一种该评价不真实的感觉。在面试中，他的回答都很完美。但是多年工作经验培养出来的直觉告诉我，真实的他和表现出来的不一样。我看了一眼他的测评结果，果然和他面试回答问题时表现出的样子是存在差距的。

不过我也不着急，小组面试最有趣的地方是情景模拟，应聘者想要在竞争者中脱颖而出不是靠会说话、会回答问题就可以的。

当时，我们想考核应聘者的关键点有以下几个：

① 能不能抓住解决问题的核心点，且懂得变通；

② 在有冲突的环境中，消除紧张气氛，说服别人解决争议；

③ 在重压的环境下，怎么应对工作资源的缺乏、合作者之间的不配合。

为了能将这些关键点都考核到，我们的考核题目也设计得非常刁钻。

那个男孩子只坚持了5分钟完美的状态，就开始呈现出了真实的自己——自以为是，还听不进去别人的建议；有些敏感，又容易被人影响。看来，别说让他去解决矛盾，他能不制造矛盾就是好事了。

接二连三的扩张需求（AI面试官的使用）

开完高管会议回来后，我的心情就不是很好：CEO制定的未来1～2年的战略都是和扩张相关。我们第一个阶段的招聘任务还没有完成，第二个阶段的招聘目标就已经定下来了。这让我有些喘不过气的感觉。

怎么办？扩大团队吗？这看上去好像是目前最简单、直接的办法。在我正在思考的时候，招聘负责人白斌敲响了我的门，找我汇报工作。我边看招聘数据的各项分析边听他汇报，全程都很沉默，这让白斌汇报的时候有些忐忑。

我知道他们团队已经很努力了，有些人还经常自发加班；而且从数据上看，结果也是可以的。

但是从目标来看，依然存在很大差距，我内心特别想问他一句："还能做得更好吗？"却始终说不出口。只能不停地来回翻看各项数据，期望能发现些新内容。白斌汇报完后，见我脸色不好也不再说话，他安静地坐在我对面等着。

后来我从招聘数据中看到，在整个面试的流程中，我们已经将60% ~ 70%的精力花在了初步筛选简历、安排初次面试上。

虽然经过我们的努力，每位面试官的日常面试量已经从一天10人左右，变成20 ~ 30人，有了很大幅度的提升，但是面试官的疲劳度也增加了很多，基础的工作只能全交给实习生。

但是实习生的工作也很多，要筛选简历，要通知面试、发测评表，还要整理测评报告并交给面试官，再加上实习生们的工作经验较少，且人员在岗情况不稳定，因此他们对简历的处理效率并不是很高，且初次面试的邀约到达率也不理想。

如果我们引入一套招聘系统，是否就可以简化面试流程、提升招聘效率呢？我心中不禁有了这样的期待，于是开口问道："市面上有什么招聘系统可以辅助我们来简化面试流程吗？"

这一问，白斌来了精神，聊到这个简直如数家珍，滔滔不绝。在他讲述的过程中，我留意到了一个词——"AI面试官"。之前我也听到过一些这项技术在国外的应用实例，但是对它目前在国内的应用情况并不是很了解。

当听到它能集中解决招聘初期、中期人员海选的问题时，我示意让白斌多说说。

让白斌详细介绍一下现在招聘的现状和AI面试官能解决的问题。

1. 招聘面试的流程烦琐

比如：现在的海选流程是，实习生初步筛选简历—通知候选人参加线上测评—整理测评报告、反馈面试官—面试官反馈是否邀约—实习生邀约—面试官小组面试—合格候选人进入复试。

整个流程传统、复杂且效率还不高。

2. 受经验限制，简历初筛的效率不高

实习生的在岗情况不稳定，且受经验限制，筛选简历的效率、精准度，都和成熟的面试官有很大差距。

3. 面试官工作量饱和

目前，面试官们的面试量已经饱和，个人疲劳度很高，没有办法承接更多工作。

与此形成鲜明对比的是这些AI面试官都有相应的解决方案，比如：实习生筛选简历精准度不够的问题，我们只需把胜任力模型导入到AI面试官中，它就能快速地帮我们处理大量的简历，工作效率是实习生的几十倍。

实习生和每一位候选人沟通至少需要1～2分钟；AI面试官则可以同时和不同的候选人沟通，并且发送AI面试和测评表的邮件给对方。

最重要的是，我们之所以要进行小组面试，就是为了更多地去分析候选人的行为；AI面试官则可利用现成的算法根据候选人面试的表情、语言等得出分析结果，并可结合各项测评的数据，直接给面试官生成报告。这样，有些职位我们可以连初次面试都不用。谈到这些，白斌说得眉飞色舞。

听他说完后，我感觉如果这套系统真的如他所说，确实是可以帮助我们解决当下的燃眉之急。但是我还是对AI面试的精准度抱有一定的怀疑。于是，我让白斌去市面上寻找合适的AI面试官软件，我们需要进行一次测试。

我们以50个不同职位候选人作为测试对象。先让AI面试官面试，再把结果密封在信封中提前给我们；然后，找部门最有经验的面试官，再对这50人进行面试并填写面试反馈表；将两个面试结果进行比对后，我们发现精准度达到85%以上。但同时也发现，AI面试软件的使用也有一定的局限性，并不适用于所有职位，特别是蓝领招聘和高管招聘。

后来我们对全公司所有招聘职位的招聘方式进行了统一梳理，60%左右的职位选择了用AI面试官来面试，首轮面试不仅将时间节约了85%，整体招聘效率提升了200%，还大幅度降低了对实习生的使用频率，节省了人力成本。两年后，我们的扩张任务也顺利地告一段落。CEO对我们的表现赞不绝口。

之后，白斌还曾开玩笑地问过我，要是AI再这样迅猛发展下去，会不会以后就不需要真人面试官了？

四、求职故事

儒雅的候选人（求职者的"中年危机"）

读到"中年危机"这个词，大家很容易看到其中的"危险"并从中感受到焦虑，可却时常忘记了相伴"危险"而生的还有"机会"。

对于中年候选人来说，这可能是一个重新审视自己能力优势的机会；同理，对于公司的招聘人员来说，或许这是一个让我们从传统的招聘模式中走出的机会；可以多一种补充人才的方式，和候选人达成其他方式的合作。

我在之前的公司任职时曾经面试过一个财务总监，对方给我留下了深刻的印象。

那天一早，一份财务总监候选人的简历就出现在我的办公桌上。部门内的员工告诉我，这个职位最近不太好招，能力符合招聘条件的人很多，但是年纪却卡掉了其中的一大批。用人部门只要40岁及以下的候选人，但是又觉得这样的候选人其工作能力和招聘要求相比有一定差距。

简历中的候选人是最近面试中表现最好的一位，但年纪超出了一点点（43岁），我的下属想先让我复试一下看看再决定，候选人在会议室等我。

我拿着简历直接去了会议室。门一打开，就看到一位戴着眼镜的男士站在窗边，他给我的第一印象是儒雅。看见我进来，他非常礼貌地和我打了招呼，寒暄了几句之后，就开始了自我介绍：原先他一直在会计师事务所和外资企业工作，年薪福利都很好。但是总感觉人到中年了，他想做点什么属于自己的成绩，于是在朋友的邀请下，和朋友合伙开了一家公司。但他低估了做高管和自己做经营之间的差异。公司运营了两年，业绩一直都不太好，于是在半年前草草结业了，现在想干回老本行，毕竟在这方面他有多年的专业积累。

我问了他几个专业的问题，他回答的时候显得非常笃定和自信，答案非常完美，而且之后在回答我问的员工管理的问题时也显得游刃有余。确实如我的下属所说，他是这批候选人之中能力最突出、最优秀的一位。

可是，优秀不一定代表适合。我们能给出的薪资和他之前所供职的外企比，还是有一定差距；而且，他既是注册会计师又是注册税务师，以前又是在会计师事务所工作，操盘一个5000人以上的上市公司的财务工作都是一件很轻松的事。我们扩张完成后才2000多人，而且也不是上市公司，会有些大材小用。

我觉得他可能不太适合我们，但最后还是流程性地问了一下，他期望的薪资是多少。不知道他是不是看出来了我的犹豫，在回答这个问题时，他没有了刚才的沉稳笃定，多了一些忐忑，过了好一会儿才报出了一个和我们预算很接近的数字。

我能感受到报这个数字时他的纠结，这对他来说可能是当下一个极其无奈的选择，所以我们之间的对话停顿了一会儿，就是这一会儿，可能让他产生了一种误会，认为我觉得他的薪水要求还是高了，于是急忙又说，再低一点也可以，又自己降低了5%。

说完之后，他似乎也感觉到这种急切的不合适，尴尬地笑了笑，无力地靠在椅背上。"你大概从来没碰到过像我这样自降薪水的候选人吧。"他自嘲地说道。虽然会议时间马上就要到了，可是我没有催他或者礼貌地结束会谈。

不知道是不是他的境遇引发了我的一些感触。那一刻，我只是选择在一旁听着，内心在想："或许我真的无法给他这个工作机会，但是至少可以在此刻静静地听他说点什么。"

他说从自己开公司开始，公司就一直是亏钱的，家里人很支持他，没给他压力，可是自己却很内疚。原来想着，公司做下去总会赚钱的，可是没想到这么快就关门了。以前他一直感觉自己挺优秀的，还有一些优越感，可是这次的打击对他来讲有点大。

想着自己再干回老本行，一切都会好起来的。可是参加面试之后，才发现自己原先的优势也荡然无存了，面试方觉得他年纪大，面试中虽然没有直接说出口，表情却显露无遗。他已经找了5个月工作了，没有合适的，上有老下有小，真不知道该怎么继续下去。

说完后他抬起头，整理了一下情绪又回到了之前平稳的状态。他说，其实也知道我不会录用他，但是非常感谢我能给他这个机会说说心里的话。

看着他的神情，我突然产生了很想帮帮他的想法，于是加了他的微信。我告诉他，关于职业方面，如果有什么想要聊的可以随时找我。

他和我道谢后就离开了，看着他的背影，有一句话出现在我的脑海当中："成年人的痛苦，都是无声的。"

当时代抛弃你的时候，不会和你说"再见"（"中年危机"的应对）

一个月过去了，我依然每天都是忙忙忙，那位候选人也没有再联系过我，这件事渐渐被我淡忘。因为在我的职业生涯中，这样类似的事情还有不少。有的人就和那位候选人一样，过往有着优秀的工作经验，却因为年纪找而不到合适的工作，也有的人勤勤恳恳地工作，不迟到、不早退，却莫名其妙地上了裁员名单。成年人的生活没有容易。

有一天我突然接到了他的电话，说想约我做一个职业生涯的咨询。我们约好一个周末的午后，在咖啡厅见面。他看见我后，第一句问的是："明明已经很努力地生活，没有一刻松懈，为什么现在落得上不去下不来，过成了这样？"听到他这个问题，我沉默了一会儿才缓缓地回答道："因为你在低头努力的时候，忘记了抬头看看周围。"

"以前我还记得，教职业生涯规划的老师告诉我们，职业生涯曲线图中，波峰停在35岁。老师解释，因为35岁是人一生当中职业生涯的黄金期。可是现在，当年的黄金期早就变成了被人嫌弃的分割线。时代始终在不断地变化，如果你是身在当下、心在过去，不能及时跟上时代的变迁。不管你当下多努力，这个时代都会抛弃你，甚至连'再见'都不会和你说。

"比如，一个人努力练习的、引以为傲的技能，被AI几秒代替的时候，他就算再无奈，又能怎么样呢？"我说完，看着他又陷入了沉默。

我继续说道："近几年，我们人力资源的各类论坛中，讨论最多的就是AI在未来工作中的应用、零工时代的到来以及用工模式的转变。大的时代变迁，公司是注定躲不掉的，只能快速随之变化来适应市场，不断调整用人标准。那么，应对这些变化，你准备了什么吗？"

他摇摇头回答我说："之前没想过这个东西，只觉得什么公司都需要财务，自己又有这么丰富的经验，怎么都不会落到找不到工作的局面。"

我笑笑说："作为一个HR，我们顾虑的不仅是年纪，还有薪酬，还有你内心的委屈。你之前年薪80多万，现在给你50万，之前你管1万人，现在你管500人，你就算接受了，内心会不委屈吗？有人给你开了更高的薪酬、更好的条件，你会不走吗？另外，你说得对，所有公司都需要财务，但是大部分公司需要的是维持正常工作的财务。你的知识虽然对他们来说确实也需要，但是还没有重要到要花那么多年薪请你在公司常驻。这就是用人市场目前的情况。"

他叹了一口气，说道："也就是说，需要我这个级别财务的公司，人家可能会顾虑我的年纪有些大；其他公司又会考虑我的薪水、性价比、稳定性。我怎么感觉每条路都被堵死了，看不见希望一样。"

"也不一定。'危机'这个词包含了两层意思，除了危险，同时也包含着机会。这是一个很好的自我挖掘、审视的机会。我们可以通过以下几个方面尝试来重新了解自己。

1. 做什么能让你热情澎湃

"不限于工作，也可以是兴趣、爱好。很多人的第一份工作，往往不是自己最想要的。有的人，是因为家里人说，这个行业好就业；有的人，是朋友说这个职业收入高，迷迷糊糊地就入了行，干了几年后又感觉不是自己想要的生活。想要转行，又发觉自己没有其他工作经验。在各种纠结之间，时间一晃而过。

"现在我们可以回归初心，想想当年自己最想做的工作是什么，自己最大的兴趣爱好是什么，在谈到什么时会让周围的人感觉你眼里都闪着光，充满了热情。比如，你是一个程序员，但是却对烹饪有极大的热情。讲到与程序相关的工作时，你没什么特殊的表情，可是讲到烹饪时你就眉飞色舞，那么，烹饪就是让你热情澎湃的爱好。把它们找出并列出来。

2. 回溯一下你在哪些方面表现最好

"你可以回忆一下：以前的哪些是属于你个人的'高光'时刻；做得最有成就的事情都有哪些；做哪些事情时别人给予了最多的正面评价；别人认为，你有哪些与众不同的能力。它可以是品格优势，也可以是显著的能力优势。

3. 上述哪些可以给你带来持续的收入回报

"把以上列出来的兴趣爱好、个人优势，与当下热门的职业或者工作方式相结合，之后再排排序，看看哪些可以给你带来更多的持续收入回报。

"有可能，你尝试这些的过程不会一帆风顺，充满了阻碍，可是当你迈出了第一步，这个不断摸索的过程就是在和时代接轨，在校正你的目标，最后就能找到真正适合你的职业或者是发展方向。

"但是一定记得少看点网上现在各类'中年危机'的文章。这样的文章除了加重焦虑外，起不到什么良好的作用。"我说道。

他认真地拿笔把我说的这些都记录了下来，还说要回去好好重新分析一下。

在之后一年的时间里，他偶尔会将职业探索中发现的问题与我交流，最后他成了一名自由财务顾问。

他开始尝试做自媒体、做课程、打造个人品牌。他的讲课风格风趣幽默，课程内容深入浅出，吸引了一大批粉丝，逐渐有了不小的影响力。

在我的引荐下，他和我们的 CEO 也相谈甚欢，顺理成章地成了我们公司外聘的财务顾问。后来更是有很多公司争相聘请他。他笑着告诉我，现在再也不担心找不到工作了。

从技术专家到总监的蜕变（转型应聘）

公司在快速扩张的过程中出现了大量的管理缺口。我和 CEO 详细讨论之后，还是觉得这些管理岗位，要以内部提拔为主、外部招聘为辅。

于是我们准备在公司内部进行一场大规模的内部竞聘。把我们提供的职位在公司内部发布出去，所有对这些职位感兴趣的人都可以参与，填写岗位竞聘申请表，同时附上自荐材料。由我们部门统一按照标准筛选之后，选出符合标准的人员参与竞聘演讲与答辩环节，由高管层组成的评选小组，统一对竞聘者进行提问，最后为他们的表现打分。

因为这是第一次这么多管理岗位同时放出，所以消息一传出去，大家都很积极地参与；很快我就拿到了由下属筛选过后可以参与最终演讲与答辩环节的名单。名单中孟雨的名字出现在我的视野，她应聘的职位是技术总监。

孟雨，比我早好几年进公司，我们在公司的一次室外拓展徒步活动中被分到了一组。因为我的体力有点差，一路上她给予了我很多帮助，我们也逐渐熟悉起来。

她是典型的理工科女生，逻辑思维一流，做事严谨，想法周全且从不说废话。一直都是公司的业务骨干，工作能力绝对在部门排第一，却一直没有升职成为管理层。我问过她原因，她说自己比较"佛系"，觉得做管理人员很麻烦，不如自己干好来得自在。所以看到她出现在名单里，我有点惊讶。

只是结果很遗憾，在这次竞聘中，尽管她的专业分数很高，但是最后还是没有通过。公布结果的时候我看到她的神情很落寞。

于是我请她吃饭，安慰了她一下。在我们吃饭的整个过程中，她都表现得很低落，也很少说话。最后饭快吃完了，她忍不住问我：为什么是这个结果？让我从专业的角度看看，她目前最大的不足是什么？她还和我说，目前的工作对她来说，太过熟悉了，早就没有什么挑战了，自己年纪也越来越大，对于职业规划也有些迷茫，如果没有这次竞聘，可能自己就打算离职了，去外面看看有没有更多可选择的方向。看到这个竞聘后感觉这是一次机会，就在想也许晋升为管理层，对现在的自己来说也是一个新的挑战，就想尝试一下。没想到是这样的结果。

听完后我问她："你记不记得，竞聘时考官问你：'作为一个从来没有做过管理的人，你认为自己竞聘这样一个管理的岗位，目前的优势是什么？'你是怎么回答的？"

她说："当时我回答了三点。首先，我会是一个很懂业务的领导，我的本职工作一直都得到大家的认可。其次，我是一个很认真也很严谨的人，我不会把队伍带偏，干出什么不靠谱的事情。最后，我是一个做任何工作都很用心的人，我也会同样用心来做好管理者的工作。这个回答有什么不对吗？"

"我只能说，以后如果再有类似的考评，你作为一个竞聘者，如果想要获得考官的认可，有以下几点是需要特别注意的。

1. 用主考官的而不是自己的眼睛来看问题

"你和考官，对于同样一个职位，可能会有不同的定位和认知。如果你想赢得对方的认可，就需要先知道对方怎么看这个职位，他需要的候选人是什么样子的，而不是你认为这个职位应该是什么样子的。

"比如，当我们考核一个管理者时，专业能力和管理能力会占不同的权重比例。不论这个权重比例怎么分配，这两个点都是我们会重点考核的。

"我们考核管理能力时，最看重的是该候选人和他人的互动。例如，员工挑衅你，你怎么办；员工消极怠工，你怎么办；面临工作难题时，你怎么激励员工和你齐心协力共同努力，而不是你有多严谨、多认真，因为这些内容听上去，更像是个人工作能力的表述。

2. 表达观点有技巧

"在考评过程中，作为被考评人，有时你可能会和考官对事情有不同的认知。你可以表达自己不同的观点，但是一定不要和考官形成对抗。有争议时，表达的语气要尽量平和，不要加剧矛盾。

"比如，领导问你，你'空降'到这个职位，造成手下原本升职的机会没有了，他们不服你的管理，你怎么办。他对你的回答有些不同见解，你听着就好了。毕竟对方是前辈，管理经验比你丰富，而且管理本身没有绝对的对与错，只有适合不适合。

"你觉得他不理解你的想法就和他辩解，又觉得他的方法即使落地也不一定有效，这些看似和他在讨论问题的场景。实际上，看着更像是一场辩论会。

"而且你用了非常多的主语，如我的想法、我的观点、我的理解，会让人感觉你的表达太过主观、太过自我，会让人对你未来和其他人合作时所能表现出的实力表示怀疑。

3. 寻找更多证明自己的依据

"就算是你没有担任过总监这样的管理岗位，你依然可以用自己的工作经历来证明自己并不缺乏管理经验。比如说，你经常在项目上担任项目经理。这就是一个管理岗位，你都用了哪些方法统筹工作，哪些方法和组员合作，发生了什么矛盾你是怎么化解的。或者，你在大学期间，担任过哪些团体的领导，都发生过哪些事情以及你是如何处理的。例子可以很多，甚至可以来自生活、工作的方方面面。只要它能向考官证明，你拥有管理能力，能教导、激励组员达成更好的团队业绩，这就是好的证明自己的依据。"我说完后，看到她的脸色比刚才好了很多。

"现在回想一下，我好像确实在表达的时候，表现得有些强势了。主要是我们的工作要求严谨，我们都要为自己说的话负责，所以感觉自己说出的话就一定要是有依据的。如果你说我不对，可以，但是你也要拿出足够的证据。这样有点反应过度了。我还是没有找到管理者应该有的状态。听你这么说，自己想想确实有很多需要改进的地方，现在心情好多了。"她说道。

"没关系，领导们只是感觉你在沟通方面还有欠缺，还需要再提升，对你的工作能力还是非常认可的。你如果未来想做管理，这一关无论如何都要过。回去以后多注意一下这方面，以后还是会有很多机会的。"我安慰她说道。

之后，她果然很努力地练习说话和沟通，还去报班学习管理课程，培养自己的管理职业素养。过了大半年，在我们举办的第二次内部竞聘中，她脱颖而出，如愿晋升为一名技术总监。领导们都感叹她的变化，觉得她好像换了一个人。

| 第七章 |

培训赋能

在培训工作的实践中，我们经常会碰到一些难题，比如：在我们投入了大量时间、精力去研发课程，构建课程体系后，依然会被指责这些课程以及课程体系不贴近业务。

培训需求做了和没做一样，还是不能挖掘出业务部门的真正痛点。

课程内容设计已经"场景化"了，却依然不能解决业务部门的实际问题。

本章将通过作者亲身经历的一些工作场景，帮助读者分析董事长和业务部门对培训的真正需求以及为如何做好培训工作提供一些具体思路。

一、董事长和业务部门的隐藏需求

不得不承担的责任（培训"体系化"背后的真正难点）

培训部经常会做培训需求调研，并根据调研结果开发课程、设计培训体系。可是培训部门很认真准备的需求调研表，业务部门却极少会很认真地填写。因为这些业务部门自己也不是很确定，培训能对解决他们的问题，起到多大的作用。

所以，他们在很多时候都会敷衍，这也导致我们收集的需求信息存在偏差。以此为基础开发的课程、构建的培训体系，自然不可能贴近业务，解决业务痛点。

我在CQ公司工作的时候，公司刚完成快速扩张。在高管会议上，就有部门负责人对我们部门的工作提出了新的需求，这个新需求主要集中在了新人培训上。大家普遍反映，现在新入职的员工太多，没有来得及花时间融入公司就长期外派出差，对公司的归属感比较差，长期下去容易离职。希望我们能在培训方面加强一下，更体系化一些。一听到"体系"这个词，我就看到董事长频频点头，我下意识地皱皱眉，猜测领导恐怕这次又动了搭建培训体系的念头了。

回到办公室，我就把部门中负责培训的主管张芳叫了过来，告诉她我们可能马上就要做搭建培训体系的项目了，让她提前把手上的培训资料和资源梳理一下。

她听完后瞪大眼睛看着我说："领导，我是不是做错什么了？有问题您说话，我改还不行吗？千万别让我做这个项目啊！这些年公司花了那么多钱和精力又设项目组，又请专家来坐镇的，结果呢？不仅没有效果，还辞退了很多人。去年董事长花高薪请的那个商学院毕业的专家，都没撑过三个月试用期。"

我理解她的担心，各个事业部门之间的业务存在竞争，所以会把自己的培训经验保密，只专心搞自己部门的培训。董事长对此很头疼，几次想把培训系统化、体系化，希望借此打破各个事业部之间的知识壁垒。

各个事业部表面上支持，实际推进过程中却是各种挑剔和不满。再加上我们是咨询公司，各事业部的领导都是管理专家，谁出的方案也无法让他们所有人满意，所以，几次最后都是不了了之。

领导有火没处发，只能问责负责培训的人。而且我们的培训部门，做事总会受到诸多限制，比如：领导不倡导培训和绩效挂钩，也不要求员工强制参加培训等。

时间一长，我们组织的培训在公司内部就变成了一个可参加可不参加的活动，平常也没有得到过什么预算和资源。现在在大家的认知中，培训部门就是给事业部发培训通知，整理培训资料的纯后勤部门。

所以，现在突然要推动这样的项目，能做成吗？谁来支持？又能给什么样的支持？这是一系列的问题。

我知道，想要打破各事业部之间的知识壁垒是领导一直想做的事。尽管几次折腾下来都不顺利，但他却没有真正放下过。

这个项目本身的难点，不是什么专业的问题，就是领导希望各事业部能和公司总部在培训这个事情上达成共识，做到资源共享。

分析以往失败的原因（不同思维角度下的需求）

张芳还在滔滔不绝地给我讲述过往她打听到的关于这个项目推进时发生的事，表现得非常焦虑。

我只能打断她问："从专业的角度看，你觉得之前做这个项目的人，在整个工作流程上有疏漏吗？"

她沉默了一会儿，回忆说："我看过之前他们留下的资料，项目流程很完整，很多培训调研之类的文件也做得相当专业。"

我接着问道："那么你分析，做过这些项目的人，哪些做得好？哪些做得不好？最大的差别在哪里？对项目的成败有关键影响吗？"

她想了一会儿回复我说："他们的工作流程好像都差不多，唯一的差别是，有的从领导那里获得的资源支持多，有的获得的资源支持少，但是无论多少，结果都是业务部门不配合，项目失败。"

"哦，我明白了，不是他们不专业，是源头出了问题，是不是领导或业务部门的需求从一开始就有问题呢？"她忽然看着我问。

我没有直接回答她，接着发问："如果你是领导，给这个工作排优先级，你会怎么排呢？原因是什么？"

这次她没有犹豫，直接说道："重要但不紧急，如果不重要，又为什么花那么多钱和时间，来来回回地做这件事呢？所以肯定还是重要的，而且这次业务部门也明确提出了需求。可是做了这么多回，都没有结果，接下来能不能做成，估计领导心中也没底，所以应该不会特别着急。"

我接着问："你感觉这次业务部门会配合吗？"

"当然会配合，他们提这个需求，不就是因为怕新入职人员流失率高影响到业务开展吗？我们配合解决他们的问题，他们没有理由不配合啊！"

说到这里，她突然不说话了，自己陷入了沉思。过了一会儿她抬头看看我，有些犹豫地说："业务部门之所以以前一直不配合这个项目，是不是因为他们感觉这个培训体系不能解决他们的实际问题，所以内心有抵触。"

看到她逐渐理清了思路，情绪也稳定了下来，我接着她的话继续说道："你说得对，业务部门的思维方式是以结果为导向，他们最关心的事情是做这个工作能不能马上解决他们当下的痛点，辅助到他们的业务。如果能，自然就会排一个较高的优先级，如果他们感觉不能，明面上虽然不会直接反对，但行为上会表现出来推脱和懈怠。

"董事长则是从战略角度考虑问题，只要对公司未来的战略目标有帮助，对公司发展有好处，不管当下是花钱还是花精力，他都愿意尝试去做。"

"也就是说他们一个关心当下、一个关心更长远的未来，一个微观、一个宏观，所以总是在这个项目上达不成一致。其实，我们工作真正的重点，不在于做一个漂亮的培训体系，而是应该通过培训的方式，如何找到一个可落地的平衡点。"她听到这里恍然大悟道。

我笑着继续问她："那你认为这个平衡点是什么？我们该怎么做呢？"

她认真地答道："我们可以不忙着做搭建培训体系的工作，先做一些调研，把各个业务部门在推进业务过程中的痛点找到；提炼一些共性的东西，研发成多个小型的能解决他们实际问题的系列课程，并根据反馈不断优化，取得业务部门的信任。最后再把这些成型的取得认可的系列课程串联起来，不就形成体系了吗？这样董事长也会满意。对不？"看到她终于想明白了，我笑着点点头。她也信心满满地离开我办公室开始去做调研了。

很快，调研的结果就出来了，我们和业务部门又深度沟通了一下他们的需求。按照他们目前需求的紧急程度，决定先尝试做两个系列的课程。

随后，我带着这两个系列课程的设计方案以及调研的结果，向董事长汇报了一下，将我们的想法和业务部门的反馈形成了书面报告，他也初步同意了我们的方案。

后来，这两个系列的课程在公司内部获得了很好的反馈，各业务部门也逐渐开始认可和重视我们的培训工作。8个月后，在公司的高管会议上，大家对系列课程的完善以及核心课程的开发又提出了很多新的意见。自然而然地我们的培训体系有了雏形，这次没有了争吵，大家也都很积极地参与了进来，领导对这样的结果也表示很满意。

工作推进找方法（"承担责任"类工作的推进要点）

时光荏苒，岁月如梭，转眼间，培训部的工作已逐渐上了正轨，部门也增加了人手，原来的培训主管张芳也得到了晋升。

她和我说："感觉一切就像做梦一样，想想当初那么大一个事，谁都不愿意接手，我也惶恐不安的，怎么干着干着就变成了一个机会。"

"事担着担着也就习惯了。"我笑着回答她。

"其实在工作中，这种看似麻烦且不好推进的工作比比皆是，比如，没资源、没支持、各方不配合，工作很难推进。或者事情牵扯太多人的利益，不好调和，却根本没法躲，必须自己扛的。

"这个时候，抱怨、焦虑是没法解决问题的。只能让自己冷静下来，尝试换个角度思考，这种工作处理得不好，确实可能会让领导怀疑自己的能力；可是处理得好了呢？就会和这次一样，变成一个锻炼自己甚至获得晋升的机会，实际上好与坏的概率是一半一半，所以多向积极的方面想，只有好处没有坏处。

"更快地将注意力集中起来，重新分析和推进这个工作，才是最重要的。可以尝试以下的方法及步骤。"我将思考内容总结了三点。

1. 分析工作时换个视角

公司中董事长、各部门负责人、人力资源部几方所扮演的角色不同，思考问题的方式和诉求也截然不同。当工作没法推进的时候可以暂时停下来，尝试从对方的视角来看下，不能进行的原因是什么，是什么导致了各方的不配合和动力不足。找到真正的原因，就能有效地制订解决方案。

2. 注意收集信息

当某项工作被定义为"黑锅"或"坑"时，不外乎有几种情况：这项工作有人曾做过且失败了，做这项工作失败的人受到较严重的处理；这项工作涉及了一些难以协调的关系，很难推进；这项工作涉及的利益相关方太多，难以平衡，一不小心就会得罪很多人。这个时候收集信息就变得尤为重要。

比如，为什么上次会失败？哪个环节做得不够好？为什么没做好？在难以协调的关系里，大家为什么不愿意妥协、商量？抵触的原因是什么？利益相关方在整个工作中从各自的利益点出发，真正的诉求是什么？等等。

这些信息，可以通过正式的访谈或者和一些部门同事聊天得来。

收集信息时要特别注意，有些信息代表的是个人的主观想法，不太客观，有些则会有刻意误导的成分，有些则是出于某种利益原因没有说实话，分析时要好好辨别，再来看这个工作应怎样开展，才能做到既顺利，又能规避一些风险。

3. 要勤汇报

当不得不接手到这样的工作时，一定要明白一点，领导不帮忙是件很正常的事。

有可能领导是想要考察一下你的个人能力；有可能他的工作特别忙碌，没法分出那么多精力帮忙；也有可能这件事他并不赞成，但不得不做。无论是什么原因，你都要勤汇报。

勤汇报的好处有很多。

第一，他（她）虽然不能直接给你解决方案，但是他（她）能帮你把控方向，减少你的无用功；

第二，汇报这项工作的重要性以及你对这项工作可落地的信心，让他（她）重视和认同这个工作的价值，适当地参与并给予一些资源支持；

第三，让领导看到你不畏困难、积极推进的态度。

总结完，我说道："如果以上这几点都做到位了，就能大大增加这个工作成功的可能性。就算失败了也正常，大家都是这样一路跌跌撞撞走过来的。所以，有些工作既然回避不了，就大胆尝试，去享受完成这个工作的过程。"

张芳听完我的分析之后也觉得很有道理，后续在工作中也逐渐放开了很多，不像之前那么谨小慎微。她带领培训部做了很多新的创新和尝试，都取得了不错的成绩。

二、培训如何落地?

被骗也关我们的事? (当培训成了推卸责任的借口)

在培训工作的实践中,我们常碰到的难题往往不是课程内容本身,而是工作开展遇上没有资源、没有支持且面临的诸多不确定性。

一天,我开完会一回到公司,就感觉公司里的气氛怪怪的。透过大会议室的玻璃墙,看见里面坐满了人,好几个事业部的负责人都在。中间有一个年轻人低着头,看上去很沮丧。会议室外,员工们似乎在窃窃私语些什么,他们的目光还时不时地投向会议室。

这是出了什么事吗?我怎么没有收到消息?带着这些疑惑我走回办公室。

刚进去,张芳就敲门进来说道:"领导,听说了吗?事业部出事了,有一个项目经理被客户骗了200多万元的项目款收不回来,这可是公司第一次经历这样的事。据说客户还倒打一耙,说是我们公司的问题,要和我们打官司。事业部的领导正在会议室跟这个项目经理了解情况呢!他也怪倒霉的,本来毕业后进公司不到4个月,就当上了项目经理,是个能干的。谁想到碰上这样的客户、这样的事……"

她还在说的时候,我已经从她的话中捕捉到了几个信息,"应届生""进公司不到4个月""项目经理""被骗"。

想到这里，我就下意识地揉了一下太阳穴，恐怕事业部的某些人，已经找好承担责任的人了。

　　午饭时间刚过去，CEO就通知我和几个事业部领导开会，要说说这个事。一上来，事业部的一位合伙人就说道："培训部的培训根本不健全，对新人的教育不够。这些新人连公司的基本工作流程都没搞清楚，出去能不被人骗吗？我们辛苦地谈单子、做项目，不指望人力资源部做别的，至少后勤保障不能出乱。不能让我们辛苦招来的员工，拉出来打不了仗，还被骗，给公司造成损失。"

　　这话说得多"无辜"啊！好像员工被骗这个事情是人力资源部一手造成的，他们反倒成了受害者。我听着就火大，尽管我知道，大家都知道这是怎么回事，但我也不能让人这么随意污蔑我的部门，所以忍不住反驳道："我也觉得我们的培训需要再加强一些，尤其是领导力方面。如果一个领导者，不能时刻监督好下属的工作，及时对他的工作进行指导和校正。不能对下属的能力作出清晰的判断，就贸然提拔他到一个不适合的岗位，出了事情，还忙着推卸责任，一点担当都没有。这确实是我们的工作没做到位，让领导者都没有及时掌握匹配职位的能力。"

　　听完我的话后，刚才开口忙着推卸责任的合伙人脸色瞬间变得铁青，刚准备反击我就被CEO打断了："好了，出了事情就解决问题，口头上争来争去的没什么意义。这个事情，事业部也需要反省一下。不能为了业绩什么客户都谈，也要对客户做好筛选和判断工作。你前期工作做好了，项目经理后期的工作也好开展。他们主要的职责还是负责好项目的交付，回款的事情是捎带做的，不能你们前期挖'坑'，后面再找人填。另外，我们现在是业务的高速发展期，人员紧缺，有时难免会出现这种刚来没多久就直接上岗当项目经理的情况。虽然，这样确实可以在实践、困难中让员工快速成长，但是也不能就此不指导、不管了，也不培训，让人连个抓手都没有。这样谁能留下来？谁愿意留下来？你们人力部门针对这个情况，要和事业部好好碰一下，要多关注这些刚上岗担任项目经理的员工。具体分析他们在一线碰到的困难和难点，也可以开发一些课程或者是其他什么形式的培训，只要能对他们及时提供一些指导和帮助就行，要尽量避免这种事再发生。"

CEO说完这些就散会了。领导说的话确实有道理，先不论对错，公司扩张后，确实有很多项目经理是被拔苗助长提拔起来的。

之前，公司对于项目的执行有成熟的流程。只要员工上项目多多实践，累积到一定程度后就会顺理成章地成为项目经理，所以从来没有出过类似这次的事件。

不管是事业部还是我们人力资源部都忽略了，现在这批新任的项目经理目前最缺的，就是足够的时间沉淀。这次事情也给我们敲响了警钟，要多多关注这部分新上岗的项目经理，要不然谁也不知道还会出什么意想不到的事。

项目经理系列课程（面临不确定，怎么实现培训的效果？）

回到办公室，我把张芳叫来，告诉她项目经理被骗这件事，其实还是反映出，有些员工过快地被提拔后，不能适应这个岗位。针对这个情况，我们还是需要用一些方法，尽快去帮助他们适应，比如：根据他们的工作场景，设计相关的课程等。同时，我还问了她对这个事情的想法。

她听完后沉默了一会儿，像在思索什么，随后开口道："领导，我是这样想的。如果想解决这些问题，靠某个单一的课程是不行的，还是要做成系列课程，更有系统性，也方便他们理解。但是，做这个课程的难点不在课程设计上，而是我们要采用什么样的方式来培训。最好的方式当然是我们研发一个项目经理系列课程，让员工在人才储备阶段就来上，所有人员经过考核合格之后，才有机会被提拔成项目经理。这才是理想的状态。可我们现在也面临着几个不确定性，比如，员工培训时间不确定，员工的大部分时间都在项目上，很少回公司，不能批量培训；培训方式不确定，公司既不赞成用考核的方式，又不让采用强制参加的方式；培训效果不确定，我们目前的支持和资源少，但是因为项目经理被骗这个事，大家对这个课程的期待值却很高。这可能导致培训课程推出后总有人感觉不满意，或者低于预期。

"上述这些原因，可能会使得我们的课程一开始推出就不顺利，后面再想推出其他课程就更难了，可若想开好头，我们面临的困难实在有点多。所以我想着，我们可以先着重收集他们在一线的痛点和难点。按照系列课程的方法去设计课程，但是对外先不这样说，课程弄好了，可以先推出一节试试水。看看领导的意见以及员工的反馈，再不断予以完善，您觉得呢？"

我听完真的很开心，她经过培训体系搭建那个项目后，进步真的很大，考虑问题也比以前更透彻、更周全了。于是，我就鼓励她按照自己的想法先去做，做一版初步的方案我们再来讨论。

很快她做完了调研，带着初步设计的课程框架找到我来聊自己的想法。她说："从调研的结果来看，新任的项目经理主要的困难有三个方面，第一个是对内的员工管理方面，第二个是对外和客户的沟通协调方面，第三个是项目管控方面。我们根据这些情况设计了六门课程，针对员工管理方面的课程，主要有团队管理、团队激励；针对对外沟通方面的课程，主要有客户沟通技巧、回款管理；针对项目管控方面的课程，主要有项目统筹、项目创新。

"员工管理方面的课程，重点内容是教新任项目经理学会如何授权、如何增强团队凝聚力以及如何激励员工高效完成工作等一些基层领导者需要具备的基础管理技能。对外沟通方面的课程，重点内容则是教新任项目经理学会如何和客户沟通、协调以解决项目中出现的问题以及如何解决和客户之间的争议，还有一些回款技巧、需要注意的事项等。项目管控方面的课程，重点内容是教新任项目经理学会把控项目的节奏，不延期交付；另外，在项目过程中，还可以从项目管理角度，带着团队进行一些技术创新。这些课程的知识点基本上可覆盖我们调研出的项目经理们在一线碰到的绝大多数困难。"

听着她洋洋洒洒地说完，我点点头。在专业方面，我很相信她的能力，于是就让她尽快把课程内容完善出来，并嘱咐她，哪怕是试水不够完善，我们也要尽快推出第一期课程。

对内也要做营销（用营销思维来助力课程推广）

过了几天，张芳带着完善之后的课程内容来找我做进一步探讨。只是，在介绍课程内容的时候，她显得有些心不在焉，有些犹豫，不像开始做这个事的时候那么自信。

"课程内容不错。只是，这样也不能让你的心安，是吗？是不是卡在哪了？"我问道。

"之前我给您分析的时候，也说到了课程会遇到的一些困难。时间问题好解决。我们每个月都有固定的项目日，这几个时间点所有员工都会回公司办理事项。各部门有时也会做一些自己的培训，我们把培训计划加进去就行了。但是在不强制员工回公司的情况下，怎么让他们来参加培训以及如何考核，我想了好几个方案，都感觉没法落地。现在还有一个新的问题，就是谁来主讲这些课程。这是专业内容，课程研发的时候有些课程内容都是他们事业部的人来编写的。如果让他们派个人来讲，要派谁？讲得好不好？这些都不好把控。如果我们想做一个有影响力的、能呈现结果的课程，这样肯定不行。现在看来最好的讲课人选就是各个事业部的领导以及几位核心合伙人。只是他们的时间宝贵，且平常就不喜欢参加培训，以前也有课程想请他们来讲，他们都拒绝了。如果请不到他们，就很难达到预期的效果，所以想起来有些头疼。"

看着她情绪不高，我说道："他们不参加培训，背后的原因是什么，你找人了解过吗？你判断，由谁请他们来参加培训，成功的概率会高一些呢？"

她低头想了一下答道："每次都是我直接去邀请，不论我的态度多真诚，他们的答复都是'忙''没时间'。真忙假忙就不清楚了，确实有可能只是推诿的借口。要说谁来请他们参加的成功概率会高，只能是他们的个人助理了。他们的行程安排都是助理在做。在他们眼中助理属于自己人，有什么心里话也会和助理说。对了，可以向助理们侧面打听一下，他们拒绝我们的真实原因，也可以让助理们帮忙说服自己的领导参加培训。只有他们最了解自己领导的脾气、性格。"我听她说完后点点头。

看到她抬起头，我又继续问道："那我们再说说，在不强制员工参加的情况下怎么让他们来参加培训。你觉得我们公司内部的培训和外部那些收费的培训比，在吸引力方面有什么差别吗？"

她说："内容方面，我真觉得差别不大，我们公司内部最不缺的就是管理专家，论口才、论能力，比外面那些不知道厉害多少倍。但是，外部那些培训比我们会包装，毕竟要让客户付费，所以更要靠包装、靠文案，这点我们就比较弱了。人家是专业的培训公司，有市场部专门做推广文案，有平面设计专业人士给他们设计海报、宣传资料。我们就这几个人，而且还不是专业的，好多都不会弄啊！"

我笑着说："我们原先的培训，就是发一个培训通知，确实很单调，也很难吸引人，尤其是年轻人来参加。要想吸引人，我们就需要采取一些灵活的形式。而且谁说设计海报的就一定得是专业的平面设计师了，现在网上有很多现成的模板。你手下那几个人，我看他们平常剪辑视频发抖音、P图自拍，个个都是高手，让他们把技能发挥出来。

"只是海报的样式要多参考一些宣传做得好的培训机构，形式要灵活，但是呈现的方式也要体现一定的专业性。视觉的吸引效果永远比文字更有冲击力。首先，让大家感受到我们的改变，有新鲜感。其次，在课程内容介绍方面，不必用太华丽的辞藻，但是每一个课程内容介绍，也不能像之前那么死板。我们可以用一个有痛点的故事引出课程介绍。这个痛点故事，一定要让听者感觉到痛，可以引起共鸣。这个可以从之前的调研里提取。最后，我还要提醒一点，你想到利用核心合伙人的影响力，这点非常好。但是不要想当然地认为，是公司内部的大领导，就应当谁都认识、都知道，忽略了对讲师的宣传。公司扩张后，我们有三分之二的员工，严格意义上都属于新进的员工，可能还真的不认识这些领导。另外，你想让领导们支持你的工作，不是嘴上说说就行了，也要让他们感受到我们对他们支持的重视。具体怎么做，你回去还是再仔细考虑一下。"她点点头，匆忙地在笔记本上记着。

临出门时，她突然又问道："那考核怎么办？"

马上她意识到她连思考的过程都没有，就直接问答案，不是一个培训负责人应有的表现，连忙不好意思地笑笑，有点撒娇地说道："领导就这一次，您直接给答案，好不好？主要刚才您说得有点多，我还没完全消化。"说完挠了挠头。

看着她那个样子，我笑了笑，直接告诉她："你之前说得很对，这就是一次试验，领导们会根据这次培训的结果，决定对培训的重视和支持程度。所以，你一定要做好，对培训结果反馈进行评估时，最好有精准的数据。领导看见了，觉得做得好，你才有机会介绍接下来的培训计划、课程安排。所以，现在知道这个课程有多重要了吧！"她听我说完后点点头，离开时显得斗志昂扬。

很快，我们的第一期课程就推出了，主讲人确定为我们公司内部规模最大事业部的核心合伙人。后来张芳告诉我，之所以请他来做第一课的主讲人，就是因为他是一个极具个人魅力的领导，大家对他的评价是，连竞争对手都会为其鼓掌的人。

这样的人来讲团队管理，比其他任何人都有说服力，而且他还自带粉丝，很多初级合伙人和员工都是因为崇拜他才来参加培训的，当然为了动员他来参加，张芳也没少对对方助理进行游说。

事后这位合伙人也和我提到，张芳做事很周全。他之前以为，就是随便做一场培训。没想到培训部还给他做了个人宣传，弄得他有点不好意思。去讲课的时候，发现会场居然有两百多人，这可是他加入公司这么多年来从未有过的情况。

他还告诉我，以前不想参加培训，主要就是因为我们部门以前组织的培训，都不强制要求参加。大家都是凭兴趣随意去。他感觉浪费时间且产出不高，所以更愿意做自己部门内部的培训，或者去忙他认为更有价值的工作。这次课程让他对我们的印象有了很大改观，以后也愿意多多支持我们的工作。

后来，几个核心合伙人还因此较上劲儿了，争着来当我们的讲师。弄得张芳无奈地和我说："没讲师的时候我愁，找不到合适的人，没想到现在讲师太多还相互较劲儿，请哪个，不请哪个，让我更愁。"

领导们对于张芳的培训反馈报告也很满意。其实，早在报告交上去前，培训课程带来的积极影响早就传到了他们的耳朵里，可看到确切的参加员工的数据、层级后他们还是有些惊讶的。张芳随后又向各位领导介绍了我们后续的培训计划及考核的方式，得到了他们的大力支持。

一年多后，随着课程的不断完善，这个系列课程也成为公司众多培训课程中的标杆，为公司培养了许多优秀的项目经理。

三、培训如何贴近业务？

气氛冰冷的会议（人才发展中心是否建？）

业务部门负责人和董事长之所以怀疑培训的效果，是因为他们觉得培训不能够贴近业务，无法助力业务解决实际的问题。

想要改变大家这个观念，我们就要树立起培训工作要以工作结果检验为标准的新目标；通过案例化、场景化、训战一体等培训方式，提高培训的整体实用性。

我在MT工作的时候，某年的初春，办公室外的花草露出了小小的绿芽。小雨过后，窗外已经放晴，雨后泥土特有的味道时不时地飘进会议室里，与会议室里冰冷的气氛形成了强烈的反差。

"我知道你的想法是为了公司好，我也支持，只是现在建立一个独立于人力资源部外的人才发展中心，时机是不是不成熟？我觉得还是要再考虑一下。当然如果你坚持要做，我也不反对。只是我下属部门的各位员工，现在已经忙得脚不沾地了，实在没有什么时间参加培训，这也是当下的客观事实，也希望你能酌情考虑一下。"随着管理委员会吴总的开口，会议再一次陷入了僵局，此时董事长的脸色已经变得阴沉起来。

刘总看着会议的气氛僵持不下，马上出来圆场道："建立人才发展中心对于公司未来的发展也是好事。只是这次会议，大家都是第一次听到这个话题，可能感觉有些突然。可以让大家先回去有个思考的时间，下次会议我们再来讨论，你说呢？"他询问着CEO的意见。CEO哪能不知道，这是刘总在给自己台阶下，只能点点头，草草结束了会议。

随后CEO带着我回到办公室，坐在办公椅上气呼呼的，一句话不说。知道他心情不好，我也没有开口，等待他平复一下心情。

过了好一会儿，他开口对我说道："你是不是也和他们一样，觉得我这个决定太过草率了？"看着他情绪有些低落，我委婉答道："确实有些惊讶。我在想，这个决定是不是和我们下一步的战略计划相关，才会让您有些着急。"

CEO点点头，开始讲述他想要建立人才发展中心的初衷。公司成立20年了，在这个过程中，也犯了很多错误，经历过很多危机。公司越做越大后，分公司越来越多，离总部远了，人心不好凝聚，企业文化不好传达。

之前总结的好东西没传递出去，犯过的错误却还在继续。他觉得，我们现在的工作缺少了一个重要的环节，就是"传承"。人才发展中心，就是他认为的最好的传承工具。第一个方面，能将公司在工作过程中一些好的方法论，经过总结、沉淀后传递出去；第二个方面，还能凝聚人心，树立良好的雇主形象；还有第三个方面，就是接下来公司如果再扩张，或者发生战略变化，能快速地做到人才的输出。

随后，可能是怕我对这件事有想法，他接着向我解释道："当然，我让它独立于人力资源部外，不是不相信你，主要是，我希望它能有更多的权限，能够更专注发挥自己的作用。另外，希望以后做得好了，可以将这个人才发展中心直接剥离出来成立教育咨询公司，既为内部服务，也可以对外把我们的经验传播出去。只是没想到他们会在会上有那么大反应，现在你怎么看这件事？"他继续说着，突然把问题抛给了我。

"我认为您说的有道理，人才发展中心想要做起来，建立框架很快，可是达到您刚说的那些要求，会需要很长时间。这个时间，其他管理委员会的成员们，是否能够等待，我还是有些疑虑的。"我答道。

其实我心里明白，阻碍是一定会有的。建立人才发展中心，不是一件简单的事。首先，它会独立于人力资源部外，需要有专门的员工负责运作，就算直接合并培训部，还是有很多员工需要重新招聘，比如聘请这个中心的负责人，就会多出一大笔薪资方面的开销。

其次，我们以前从来没有尝试做过人才发展中心。除了需考虑产出，还要建立框架、理顺工作思路；新人还要熟悉工作环境，和领导磨合。所有这些时间成本都很高。

最后，也是最重要的一点，人才发展中心的成立确实能让我们现有的人才培养体系更加系统化，但灵活性和实用性现在还无法评估。这些都会成为管理委员会对这个项目施压的借口。

这就是一场董事长和管理委员会四位老总之间的博弈。可能会出现三种结果：董事长费心说服其他各位，达成共识；董事长一意孤行，不听其他人意见；董事长觉得阻力太大，放弃。

"这样，我先考虑一下，你先回去留意一下市场上有相关工作背景的候选人，做好储备。"董事长听了我的回答后说道。

不到一周的时间，董事长给了我答复：不用管其他人的想法，让我全力配合组建人才发展中心，开启筹备招聘等一系列工作。我收到董事长的答复后，下意识地叹了一口气，虽然这个中心不归我管，但是我还是觉得董事长有些冲动了，内心对此并不是很看好。

我们部门用了一个月左右的时间，完成了人才发展中心运作团队的组建。它的筹备工作也就此正式拉开了序幕，与此同时，新任的人才发展中心负责人也到位了，是董事长的朋友推荐来的一位男士，简历非常亮眼。项目一开始，他每天都干得热火朝天，时不时都能看见董事长和他聊得很开心，有时还会拍拍他的肩膀表示鼓励。

后来经常有部门的人向我反映，他在工作上花钱太大方了。这让一直预算不足的培训部人员羡慕不已。我觉得，这是一个相当危险的信号，公司肯定是一个要求投入产出平衡的组织。投入那么大，如果迟迟见不到产出，阻力就会变得更大。

后来如我所料，他还没有到半年的试用期，就主动辞职了。

重新起步（培训不贴近业务的三大错误）

随着他的离职，人才发展中心的项目也被搁置了，原人才发展中心的人员都表现得惶恐不安。董事长为此也承受了不小的压力，不想再继续维持这个项目了。可是整个团队解散的话，之前花的钱不就全都打水漂了？他一生气，就把整个人才发展中心并入到人力资源部门下面后不闻不问了。这可苦了我，继续做或者不做似乎都很难。

后来，我开始盘点人才发展中心已经取得的任务成果，发现前一位负责人，其实在这半年里已经做了很多工作，比如：搭建了培训及人才发展的智能学习平台，让培训工作的开展可以用"数智化"的方式驱动；引入了"测训考"一体的智能化人才培养方案。这些方式对于公司来说都很新颖。

盘点这些时，培训部的负责人曾经不解地问我。从这些任务的完成情况看，他也挺努力的。为什么还会自己辞职呢？而且管理委员会还会对这个项目有那么大的不满呢？是不是因为钱花得太多了？

我如此总结道："因为他犯了三个严重的错误。"

1. 培训的方式顾此失彼

一个普通员工，在公司内部的成长过程，其知识经验的获取，70%源于工作中的攻坚克难；20%源于上司及朋友的指导、建议；10%源于我们常规意义的课程培训。而他匆忙地建课程体系、引入系统。把100%的精力、时间、预算，投到只有10%产出可能性的地方，忽略了其他效果更好的培训方式。这是他犯的第一大错误。

2. 培训内容跟不上时代变化

"测训考"一体的智能化人才培养方案，做法很新颖，可以节省很多时间。他引入的课程也很全面，但是大部分都是从外直接采购来的。虽然课程的通用性较强，但个性化较弱。而且这种课程的设计，还隐藏了一个前提假设，即岗位的素质模型不能发生改变。

但是对于公司来说，做到这点是很难的。现在，每一年都会有新的技术产生、新的事件发生，时代变化得太快，公司不得不加快运转的速度。一成不变，通常代表着落伍和被淘汰，这对于培训来说也是一样的。所以，那位前负责人花大量时间完善的这些培训内容，局限性很强。

3. 培训结果承接不了战略

我们之前的培训原本就有一定的滞后性，等出了问题，才去想着怎么用培训来解决问题，而他们从调研到课程内容设计，更像是搭了一个漂亮的架子，看上去枝繁叶茂，但是没有一朵花可以开。花时间参加完培训后，依然解决不了业务的痛点、难点，估计这也是管理委员会施压的主要原因。

当然，这不代表着之前人力资源部的工作完全没有犯过类似这样的错误，只是公司对于培训部和人才发展中心的定位不同，要求也不同。

"那是因为我们一直很穷，从来没有那么多预算可以让我们随便花，所以自然就没矛盾啦！"听我总结完，她笑着说道。

看到我笑着，继续翻资料没出声，她继续说道："我倒是觉得，我们现在重新起步做这个人才发展中心也是可行的。首先，从预算上来说，这套系统签的是两年的合约，钱已经付完了，课程也是一样。这样，至少两年内我们不会有什么大的支出。而且经过这半年的'折腾'，现在大家对人才发展中心这个项目的期望值几乎没有了。阻力自然就减少了，还能借助这个平台让工作效率提高不少。

"而且这些课程内容，也不是一点意义都没有，比如，员工的选拔、升职的培训，就可以用这个'测训考'一体的系统来完成。另外，一些工作基本技能所需要的课程，可以让员工自己去平台上学习。也可以节省我们很多的工作量。

"我们可以把大量的时间和精力放在您刚说的他所犯的三大错误的纠正上。比如说，我们可以把轮岗和接班人计划相结合，给员工人为制造工作的挑战、难度，以此来提升他们的工作能力。也可以在管理机制上做文章，让上司投入更多的精力在日常工作中辅导下属，以此来弥补传统培训方式的不足。

"我们也可以在公司做年度战略的时候和负责人做深度沟通，来预测可能的情况，提前制订相配套的培训方案。例如，如果发生人员扩张，那么新人融入的培训就要加强；如果要快速增加管理岗位，那么新任管理者的培训就要加强等。

"最后，我们还可以紧贴业务发展，根据业务工作展开中的痛点，及时推出场景化的精品课程。

"还有最重要的一点是，我们还可以编辑一本书，将公司成立以来所发生的各种好的、坏的管理案例全部收录进去。这样既可以实现董事长想要的传承，也给我们提供了一个很好的培训素材。这样，这个工作不就可以继续顺利进行了吗？"她开心地说道。

她所说的确实是一个很好的思路，后来我让她把说的这些整理成一个初步计划。我又和董事长重新对这个人才发展中心的工作方向、内容进行了沟通。

他初步同意了我们的想法，可能是受了之前一系列变故的影响，他对这个事情的发展好像并没有抱太大的希望。但是对那本我们想要编辑的书却表示了很大的兴趣。

课程设计会议（精品课程的开发要点）

在第一节精品课程《大客户销售》开发完成时，负责课程开发的小组成员在会议室里，给我介绍课程的设计思路。

我看得出来他们用了很多的心思，搜集了很多的案例，将大客户销售过程中销售人员感到难忘的、过程曲折的、沟通过程中有激烈冲突的一些场景，全都收录至课程。他们自己编写了脚本，用小视频的方式将这些不同场景下的应对知识点呈现了出来。视频拍得很有意思，大家对这个课程也很有信心。

但是我没有表现得特别满意，而是问了他们一个问题："你们对于精品课程的定义是什么？这个精品课程和普通课程的区别在哪里？"

"我们对于精品课程的定义就是，以业务痛点为核心来进行培训。它和普通课程相比，培训形式要更灵活有趣，让学员更容易接受。它的更新迭代速度也快，跟得上业务的变化，相较于普通课程的一成不变，更具有实效性。"有一个小姑娘率先回答道。

"说得很好。那么，看完了你们新开发的这个精品课程后，你们认为员工能否对这些工作场景进行有效掌控？怎么衡量课程对业绩提升的帮助？"我再度发问。

这时有一个男生说道："我们原先设计这个课程的目标，是希望员工们能快速掌握应对这些不同工作场景的方法，但是课后的效果确实很难衡量。"

我听到后接着问："如果我们调整了培训内容和形式后，培训的效果依然没法很好地衡量，那我们这个精品课程的价值又该如何体现呢？"听到这里，大家开始了小声讨论，彼此交流看法，但是没有人再站出来发言。

于是，我接着说道："你们设计的课程，展现形式新颖，课程的设计也很有趣。但是，我们既然把课程叫作精品课程，就要精益求精，所以我们可以用培训中的OTCF[Objectives（目标）、Target（对象）、Content（内容）、Format（形式）]原则，再来重新审视一下课程。

1. Objectives（目标）

"依据我们传统的培训思维，在培训目标的设定上，往往希望培训对象能够掌握某种工作的技能，了解某种专业知识。但是这种目标设定，最大的问题就是，培训效果很难衡量。

"如果我们希望改善这点，就不能被困在传统思维里，而是需要逆向去考虑，什么样的培训目标可以帮助我们达成效果、体现价值。

"就拿《大客户销售》这节课来说，原先的课程目标，是希望员工能快速掌握如何应对销售过程中的不同工作场景。我们应该考虑，是否可以改成，从大客户销售的实战出发，通过案例化、场景化的训练方式，以工作结果为检验标准，实现员工大客户销售技能的提升以及销售经验的复制。有了这个清晰的目标，我们就可以在课程开发中不断提醒自己课程的内容要贴近实战，要能够用工作结果检验。"

2. Target（对象）

"对于这一点，现在大家已经做得非常好了，比如，我们现在《大客户销售》这节课，培训的对象都是非常年轻的员工。所以，大家用了小视频讲故事这种方式，非常生动、有趣，很适合他们的学习特点。但同时大家还要记住，不仅仅是年龄段不同会造成他们的学习特点不同，像职级、思考方式、职位等因素，也都有可能造成学习特点的不同，所以这些都要在课程开发过程中考虑进去。

3. Content（内容）

"有关课程内容设计方面，刚才大家多次提到业务痛点，这个可以理解，这也许是大家想到贴近实战时的第一反应。但是从我们的课程目标来看，其实课程内容主要还是应该围绕支持公司战略目标所需的能力差距来设计。

"还是拿《大客户销售》这门课程为例，公司大客户组的业绩目标是，一个季度2000万元人民币，实际的产能是一个季度1100万元人民币。我们发现实际产能和公司目标之间产生的差距，主要是因为员工的新客户开发数量上不来，客户质量也不高以及在销售过程中，员工对整体的节奏把控不好。

"所以，我们可以将如何增加签单，作为培训内容的主轴线来展开设计。比如，销售前做什么？销售中做什么？售后维系怎么做？

"在这几个环节中，我们的课程内容素材可以是来自业务痛点，也可以是来自优秀员工的经验而提炼出来的工作要点，还可以引入诸如销售策略这样的前沿工作理念。但是这些知识点，都需要场景化、案例化，让它变得简单、更容易理解，更利于实战。

"刚才，你们的课程设置在业务痛点的场景化、案例化方面做得非常好，但是缺乏这个'签单'的主轴线，所以我问你们，怎么衡量课程对业绩的提升。

4. Format（形式）

"培训是否贴近业务，最重要的判定标准是看培训内容是否能实现实战。而其中最关键的一个环节，就是培训的形式。

"比如，《大客户销售》这个课程的培训形式，我们可以分为以下三个阶段来设计。

（1）前置学习阶段

"很多人对自己第一次接触的知识点不会留下特别深刻的印象，可是第二次接触或者复习时会容易加深理解。所以，我们可以在正式上课前做一些短而小的课程，先让员工们利用碎片化的时间把知识点熟悉一下，完成线上的简单考试。

（2）体验式学习阶段

"在课程中，可以通过角色扮演、沙盘、PK游戏等不同方式，最大限度地还原工作场景，让员工在互动、挑战中完成知识点的学习、巩固。

（3）课后复盘

"在课程结束后还可以通过微信群进行课后的跟踪。在课后一段时间内，每天对员工的工作进行复盘及指导，或者进行小组的定期场景练习。

最后，可以用情景模拟的考评方式或者提交案例报告等形式来结束培训。"我说道。

在这次会议结束后，课程开发的小组成员们重新梳理了思路，将课程做了较大调整。课程的内容生动活泼，展现的形式多样化，更重要的是引发了很多员工的共鸣，受到了各方好评。

|第八章|

薪酬绩效

薪酬绩效的工作，可能是 HR 相关工作中最难以让人满意的一项。公司的行业、规模、业务特点各不相同，特定人群的利益诉求也在随着时代的发展而快速变化着。这就要求我们薪酬绩效的工作开展，既要能够跟随时代变迁的脚步，又要时时刻刻地考虑到公司的现实情况、当下困难。

本章把考核工具的使用、考核目标的拆分、员工绩效辅导、工作评估、薪酬的策略结构、激励叠加、福利规划等串联起来，通过对常见工作场景的讲解，希望可以让读者在解决业务部门难题、提供方案时，多一些思路。

一、明确工作责任，对症下药

董事长培训归来（OKR 是否要取代 KPI？）

一天中午，我正在茶水间冲咖啡的时候，听见旁边的用餐区传来董事长助理的声音。她们正在谈论董事长去参加培训的事情。

当听到董事长最近对人力管理类的培训参与特别积极时，我有些头疼，这主要是因为，董事长和我们的视角太不同了，他们很难真正沉下心来弄明白一些专业知识，一般都在了解了一些皮毛后，就开始有新想法。

果然，董事长参加培训回来没几天，我们开高层管理会议，商讨第二年的战略目标时，他就提议，要推翻原有的 KPI（即，关键绩效指标）体系，准备明年全部启用 OKR（即，目标与关键成果法），理由是 KPI 已经落伍了。

听完，我下意识地揉了一下太阳穴。我知道目前 OKR 非常火，网上很多自媒体都在大肆吹嘘它的作用；有些还为了衬托 OKR 的功效，把 KPI 说得一无是处。这个刻意营造的氛围，让很多董事长感觉 OKR 就是新时代下的新工具，要优先使用。

而在我们这些行业内人员眼中，无论是 KPI 还是 OKR 其实都只是目标管理的工具。从本质上看二者并没有区别，也不能说孰优孰劣，最重要的是要看你要将它用在什么样的环境里，解决什么样的问题。

比如：OKR更适合于业务不太成熟稳定、对创新要求高、架构扁平化、内部环境开放、信息透明的公司；而且还要求，团队成员的自我成就感高，OKR的达成和绩效不挂钩。这些条件缺一不可，否则就没有办法发挥其真正的效用，生搬硬套回来，也只能是浪费精力和时间。

而公司目前的情况，显然并不符合OKR的使用环境。但是董事长正在兴头上，所以，当他在会上问我意见时，我只能说现在如果要全部推翻原来的模式，估计时间有些紧张，不如大家先讨论一下，我们需要用这个工具解决的具体问题是什么，再看看能不能找到折中的方法。

董事长同意了我的说法，但是，由于大家对KPI比较熟悉而对OKR比较陌生。所以董事长示意我先给大家讲一下两种工具的不同。于是我说道：

"如果我们一个季度的KPI的目标是2000万元人民币，大家通常会围绕这个总业绩目标，做以下拆解。比如：第一个月800万元人民币、第二个月450万元人民币、第三个月750万元人民币。

"但是，如果我们OKR的季度目标也是2000万元人民币，那么，我们的拆解关键是要看达成这个目标的关键影响因素有哪些，比如：

"总销售额=广告的投放量×广告的转化率×产品单价

"公式中的这三个变量影响因素，就能直接成为KR。KR1是广告投放量，它需要达到2000万元；KR2是广告的转化率，需要达到

5%；KR3是产品单价，它要定到5万元人民币。也就是说，我们只要想方法，完成这三个KR的目标就可以了。

"这样大家就可以看出KPI侧重于结果管理，而OKR更侧重于过程管理。这是这两种工具的第一点不同。"

我说完这些，大家就开始对这个工具表示出了兴趣，其中有一个负责人直接插嘴表态道："没有过程，怎么出得来结果？把这些关键影响因素列清楚，这样也更方便我们对过程进行监督。这么看这个工具倒是不错，怪不得最近这么火。"

我笑笑，没回应他，继续说道："同时，这两种工具，在目标拆解的顺序上也是不太一样的，KPI是自上而下的，一般是我们开战略会议把目标拆解完，之后告诉下级部门或者员工，他们需要完成的任务是多少。

"而OKR是自下而上的，比如，你知道了董事长的O（目标）KR（关键成果）后，自己制定目标和董事长对齐，将董事长的KR（关键成果）用可量化的过程指标去做进一步的拆解；也可以为了更好地完成工作，自己增加工作的KR（关键成果），或者增加一个O（目标）。比如，刚才那个例子，大家觉得除了广告投放外，直播也是一种很好的销售模式，可以有效地增加业绩。那么，就可以自己增加制定一个和直播相关的O（目标）或者KR（关键成果）。"

我刚说完这段，就看见大家都皱起了眉头，还听见有人小声地嘟囔道："平常管得那么严，还不一定工作达标呢。要是靠底下员工自己拆解，制定指标，这个听上去感觉很不靠谱啊！"

我没有理会大家的议论，继续道："最后一个较大的区别在于，KPI虽然是一个目标管理工具，却和我们的绩效考核紧密挂钩；但OKR则不是，尽管它有自己的评价体系，但是，由于它设立的本意是让大家挑战更高的目标而不被绩效考核束缚。所以，在实际操作中，它会与绩效考核不挂钩或者是弱挂钩。

"当然，OKR这种工具自身还有很多的优点，比如，比较灵活，调整的速度快，可以更好地适应变化，有利于创新，可以提高员工参与度，责任落实到人等。具体还是要看在我们今年的战略目标规划中，用它来解决什么问题。"我总结性地说道。

我说完后，大家开始了讨论，由我负责对一些专业方面的问题进行讲解。随着讨论越来越激烈，看得出董事长很动摇，最后在大家的坚持下，他也就不再想着一定要用OKR了。后来听董事长说他的几个朋友的公司引入了OKR后，落地情况也并不是很顺利，有些后来又改回了KPI。

简单粗暴拆目标（KPI绩效目标拆解）

季度高管会议开完后，南区的肖总单独和我约了时间，谈起了绩效的事情。年初时，南区那边的市场比较好，加上董事长想冲一下业绩，给董事会交一个漂亮的成绩单。于是，就把他们南区的业绩目标翻了一倍，肖总想着既然只是业绩总目标发生了改变，其他没有发生变化，那绩效也不需要再做特别调整了，直接把下面分公司，还有个人的绩效指标也一样翻倍就行了，既简单、省事又直接。

结果半年过去了，业绩却一直平平，连前年同期的完成情况都不如，这次一回总部肖总就被董事长训了一顿。肖总现在也着急了，想让我看看是不是可以调整绩效，或者是将激励方案改改什么的，总之要各种方法都试试，看看能不能对业绩有些帮助。

当他还在不停讲着他们现在面临的困难时，我心里却想着："总业绩目标翻一倍，下面就跟着翻一倍。这哪是什么简单、直接，根本就是简单、粗暴。要是绩效目标的拆解这么简单，那负责绩效的同事就可以直接回家了，我们还可以省省人力成本。"

过了一会儿，他讲完后开始变得沉默，皱起眉头，直勾勾地看着我，似乎在等着我的回应。于是，我出声对他说道："假设我们从家到公司有20公里，如果只带我们自己，自行车也可以，电动车也可以。可是如果我们要同时带上几十吨的货物，那就一定要用货运专车。您只改变了分公司及个人的业绩目标而其他不变，就相当于让您下面的员工骑着电动车驮几十吨的货物。

"结果您也看到了，正如您刚才所讲，今年市场外部环境还不错，也没有什么特别的干扰，可是员工业绩的完成情况，却连去年同期都不如。这不就是员工对达成目标这个事情没有信心，也看不到希望的一种反应吗？"听到我说完，肖总不停地点头附和，让我继续说下去。

"超过去年一倍的业绩目标，并不是一个小目标。我们想要达成，自然也不能用去年的常规方法。我们可以尝试按照以下几个步骤去调整绩效指标，来促进业绩的提升。

1. 分析影响业绩关键因素

"先确定在整个销售过程中有哪些因素能直接影响到业绩。具体如图8-1所示，我们需要从中找到3～5个可以着手改善的关键点，再思考具体的改善方案。

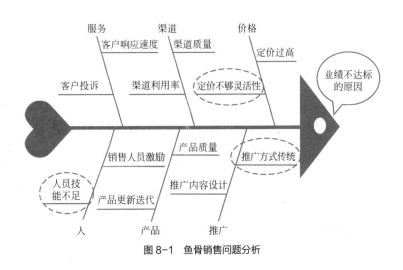

图8-1　鱼骨销售问题分析

"如图8-1所示，假设经过我们的分析，发现可以改进的关键点，主要集中在定价、推广方式、人员技能等三个方面。那我们就可以开始进行到第二个步骤。

2. 对比标杆，找到改进目标

"将这三方面做得好的同行作为标杆，与自己进行比对，找到弥补差距的方向，从而制定改进的目标。

"比如，标杆公司，其定价方式很灵活，会根据消费者需求、外部市场环境，借助每季度的两场市场推广活动来调整价格，以此来达到促进销售的目的。我们也可以考虑自身的情况，比照标杆公司定一个改进的绩效目标，例如每季度做两场或者三场以上的活动。

"再比如，标杆公司现在增加了电商平台的投入，还开启了直播带货模式。那我们也可以参照这些标杆公司，把这些销售渠道的开辟、维护情况定为改进的绩效目标。

"销售人员的技能提升，也是同样的道理。当我们找到提升的方向，有了改善的目标后，再开始进行第三步。

3. 拆解目标

第三步就是我们通过对目标的拆解，把目标还原成具体的任务，让它变成详细的可实施计划，方便员工执行。具体如表8-1所示。

4. 制定阶段小目标，随时调整复盘

"最后一步，就是为了保障业绩的提升，我们可以把目标制定得小一点，可随时对过程进行监督；如果发现问题，可以及时复盘调整。比如，表8-1所示，我们把季度目标，又进一步分解为周目标；同时要注明每周的工作重点是什么以及要达成的目标是什么。

"这样，如果每周复盘的时候发现周目标没达成，就可以快速分析原因进行调整。

表8-1 大区季度经营目标分解计划表

部门名称：南方销售大区

大区季度总目标：营业收入总额××万元

序号	指标类型	月度计划目标	单位	行动方案	第1周	第2周	第3周	第4周	月度累计达成完成情况	主责一级中心	主责二级部门	数据来源部门	备注
1	大区重点监控指标	第三季度全国市场活动执行准备	项	1.针对竞品情况及公司市场状况做出活动规划 2.完成活动方案 3.规划物料设计方向，设计主推宣海报 4.完成物料设计	市场调研	方案完成	物料设计计划规划	物料设计计进行		大区营销中心			
2		6月份完成促活动执行情况跟进	项	1.统计活动数据，收集活动照片等素材 2.活动效果分析	活动执行情况跟踪	活动执行情况跟踪	活动执行情况跟踪	活动执行情况跟踪		大区营销中心			
3		新增抖音粉丝10000个	项	1.跟进抖音每日活动执行情况，并及时做出统计和调整 2.每日更新推广内容 3.关注粉丝数量增长及粉丝长的互动，每周与运营督导进行详细沟通	1000个	2000个	3000个	4000个		大区营销中心			
4	学习成长	销售人员内部培训计划 组织大区内所有销售、参与训与训做一体化培训		研发课程做好课程的筹备工作	研发课程做好课程的筹备工作	组织销售人员，参与到每日的培训，并组织每周培训考核	组织销售人员，参与到每日的培训，并组织每周培训考核	组织销售人员，参与到每日的培训，并组织每周培训考核		大区人力办中心			
5	否决指标	重大管理失职或决策失误		对集团造成重大损失(品牌、企业形象、经济损失)									
6		控制食品安全		杜绝重大食品安全事故发生									

"还有一点很重要：把大目标拆成容易执行的小目标，然后再逐个击破，本身就是一种攻坚克难的好方法。它不仅能够避免员工出现急于求成的心态，还能增强员工面对挫折的决心和信心。

"您想，谁看到翻倍的业绩指标，第一感觉不是头疼？如果员工一开始，就感觉这个目标难以实现，不可逾越，产生畏惧感，怎么可能全身心投入？如果业绩目标被拆开了，化整为零，让员工能够将每一步都走扎实了，可能不知不觉这个目标就达成了。

"所以，您也不必太担心，回头我让绩效经理和您一起看看整个销售流程中需要改进的关键点都有哪些，再让他帮您调整一下绩效方案。"我安慰他道，肖总听我说完后，表情也放松了一些。

后来在绩效调整之后的两个季度，南方大区那边的业绩有了大幅度提升。

二、纠员工偏差，评估工作效果

丁玲从拖延到勤奋的转变（GROW 模型的使用）

负责企业文化的蒋萍，有一天在闲聊时和我抱怨，说丁玲最近的表现一直都不太好，想把她辞退。

丁玲来到企业文组（企业文化小组）后，工作就不是很积极；很多时候你要盯着她出工作结果，否则她就会拖延交付或者敷衍了事，但要逼得紧，她的工作能力又还不错。时间一长她就变成了团队里的"鸡肋"型员工，辞了可惜，留着气人。

"尤其是每次和她沟通绩效的时候，都感觉特别费劲。绩效目标她全都认可，工作却是一直在拖延，回复你的永远都是'会改进'，然后就没有下文了。"

听着蒋萍越说越气愤，综合上面的情况，我分析可能还是她绩效面谈的方式出了问题。于是，我让她给我仔细讲一讲，在绩效面谈时和丁玲沟通的过程。

蒋萍告诉我，她每次会先花半小时告诉丁玲当月的绩效评分以及她平常工作中出现的问题。刚开始的时候，丁玲还会给自己找些借口，后面却连借口都不找了，只说领导说得对，她会改，然后就结束了。

我拿着丁玲的绩效考核表问蒋萍，能不能具体指出，哪些工作是她拖延的，具体都是什么情况。结果在丁玲日常负责的十项工作中，蒋萍指出了其中的六项。

"也就是说，她在工作中拖延的时候偏多，给你的感觉是她工作不是很积极，但也不是每件事都会拖延。对吗？"我开口询问道，蒋萍点点头。

"你观察她之前工作时和现在有什么不同吗？"我继续问道。

"那时候，感觉不到她对哪个工作特别感兴趣，但是还算认真，现在感觉就是敷衍。"她答道。

"当时她调过来时，自己的意愿也很强。是什么原因造成了这前后不一致的变化，你和她沟通过吗？"她摇摇头。

我沉默了一下，跟蒋萍说："你的绩效面谈方式确实有很多的问题，我一一帮你梳理。

（1）以偏概全

"丁玲拖延的情况确实较多，可能和你沟通得也不是很顺畅。这让你下意识地给她的工作态度打了一个拖延的标签，而忽略了实际情况。就像刚才对照绩效考核表后，得出的结论，她并不是所有的工作都拖延。

"可是当你给她打了这个标签后，你们的沟通就失去了信任，她才会从找借口变成了敷衍。

（2）绩效沟通不是单向的

"绩效沟通，不是领导单方面地点评、批评就行了，而是为了帮助员工提升绩效，可你却用了半个多小时的时间都在点评、批评对方。

"这导致你并没有时间去了解，她为什么有的工作不拖延，有的工作拖延。

（3）关注绩效评价，不注重改进计划

"在你们绩效沟通的过程中，还有一个步骤我认为是有缺失的，就是你和员工一起制订的下一步改进计划。

"这三个错误连在一起，其实就像是一个恶性循环：你对员工有偏见，说得多，听得少；员工自然就不愿意和你做深度沟通，这样你就找不到员工低绩效的原因；你找不到原因，自然就没有办法去和她制订可执行的改进计划。"我说道。

后来，我告诉蒋萍，想要改进现在的状况，首先需要调整的就是，要从内心去除给员工贴的标签，别老想着让员工服从命令。还有，自己在和员工沟通时做到少说、多听。

其次，也是最重要的，就是在绩效面谈时使用GROW模型（图8-2），分四步走来辅导员工。

图8-2　GROW 模型

（1）目标设定（Goal）

首先，要和员工确定其长期、短期的目标分别是什么，语气不能是批评、指责的，要让对方感觉到真诚、接纳；多问些开放式的语句。具体问题可参照表8-2。

表 8-2　GROW 模型开放式问题

步骤	开放式问题
目标设定 （Goal）	1.你想实现的目标是什么样的? 2.是什么让你想要实现它? 3.你做什么能实现它? 4.你怎么知道这个目标就达成了?
现状分析 （Reality）	5.现状是什么样的?（可按照这个顺序提问，如：发生了什么?是谁起到的影响? 什么时候发生的? 在哪发生的? 发生了多久?） 6.现状与目标之间有多远? 7.是什么阻碍了进展? 8.换个角度，你看到了什么?
发展路径 （Options）	9.你拥有哪些资源去达成这个目标? 10.如果先朝目标迈出一小步，你会做些什么? 11.为了实现目标，需要做出什么样的改变? 12.为了实现目标，你愿意放下什么? 13.你拥有什么样独特的优势，可以支持你去实现目标?
行动计划 （Will）	14.为了朝着你的目标前行，你会付诸什么行动? 15.如果有条件，你希望得到什么样的支持? 16.以你对自己的了解，你在哪部分会阻碍计划的实施? 17.我们都知道问责，对于保障行动计划非常重要，你将如何设计这个问责机制来确保自己的行动计划能够顺利实施?

这个步骤是为了帮助对方，将自己的目标想清楚，并且能够遵循SMART原则，将这个目标清晰地描述出来。

（2）现状分析（Reality）

其次，客观地将其说的话、做的事像照镜子一样反馈给他。不要带个人的偏见或者定论，也不要像是在逼问；而是向他提问，和他一起去认清现状，探寻原因（具体问题可参照表8-2）。

（3）发展路径（Options）

当员工明确了自己的目标，认清了现状，理解造成现状的原因后。就可以带着对方，去探索达成目标的方法都有哪些；帮助对方去拓展解决问题的思路（具体问题可参照表8-2）。

（4）行动计划（Will）

我们进行绩效面谈的核心要点是，经过谈话后能使员工朝着改善绩效的方向发展。所以谈话的最终目的一定要落到行动上，可以协助员工制订行动计划，让员工对推动计划的资源、障碍进行思考，并且给自己设置问责机制。由此来促进员工的自律，为自己担责（具体问题可参照表8-2）。

蒋萍认真地记录了我说的话，回去后按照步骤和丁玲重新进行了一次深入沟通，这才了解到，因为蒋萍一开始对丁玲的期望很高，很多工作都是希望后者能打开思路自发完成。这令丁玲有些茫然，不知道工作应该从哪入手，再加上蒋萍使用了不妥的沟通方式，这才让她变得消极怠工。

她其实本身还是很喜欢企业文化这项工作的。后来他们用GROW模型沟通后，还一起制订了新的改进计划。

之后，丁玲的工作逐渐上了轨道，一改之前拖延的毛病，变得很勤奋、主动，和之前判若两人。蒋萍和其他员工的沟通方式也有了很大的改变。

增强协同作战的内部会议（360度考核＝和稀泥？）

"有人认为，公司内部有互相推诿、扯皮的现象，都是正常的。可是我不希望这种情况出现在我的公司里。一旦有苗头出现，就要把他们扼杀在摇篮里。"董事长语气严肃地对我说了这番话，并希望我能拿出解决方案。

我知道，他这是还在因为刚才会议中的项目推进不顺而发火。公司现在发展到了一定的规模，自然而然地就滋生了一些不好的工作作风。如何去杜绝它，阻止它的蔓延，让公司各部门之间更好地协同作战，成了这一阶段董事长心中的工作重点。

于是，我召开了一个内部会议，会议的题目就是"如何增加各部门之间的协同作战"，让大家一起来讨论一下解决方案。

"部门之间互相推诿、扯皮的主要原因，还是因为大家的心不齐、各个部门之间的目标不一致。如果各部门总是担心配合对方会让自己的部门利益受损或者权利被稀释，沟通时自然会选择回避或者防御的态度。

"人与人之间是有联动关系的，换言之如果各部门之间有共同的目标，沟通联系增强，这个问题就能得到改善。"培训经理率先开口说道。

"不如，我们使用360度考核工具吧，提升部门绩效，本身就属于部门的利益，如果绩效的评分来自配合别人的工作，这也能算是共同的目标。而且它的考核维度多元化，这样就能增加和所有工作利益相关方之间的联系。"绩效经理这时提议道。

"360度考核？那不就是个和稀泥的工具吗？我对它的效果表示严重怀疑。"招聘经理此时提出了质疑。

"360度考核？不是不可以用，关键是它自身的一些缺陷，我们还没想好应该怎么去克服。"薪酬经理忍不住说道，并详细阐述了四个原因，具体如下。

1. 如何控制好考核成本

一个人不仅要自评，还要评价上司、评价下属、评价平级同事，也就是说，每次考核，一个人最少要做四次评价。如果需要配合的同事多，那就需要评价更多次，如果大家都忙着填各种评价，工作时间就会被压缩。

当然，如果引入系统，是可以提高一部分评价效率的，但又会出现另外一大笔投入——买评价系统。这种考核成本如何去控制，是值得仔细思考的。

2. 如何不让它成为发泄私愤的工具

如果，这个评价体系中利益相关方之间有不满情绪，其中一方有可能利用这个考核的评分来让对方的绩效结果受损，这种情况应如何避免？

3. 如何保障考核结果不失真

例如：有的人，工作能力一般，但是极会维系和周围同事的关系，怎么办？

有的人在评价时顾虑重重，担心自己的评价会影响到被评价方的晋升或者绩效而刻意美化对方，不呈现内心真实的评价结果，这种情况又怎么办？

总之，每个人的个性不同，所处的情境不同，内心的评分标准也不同，有的严谨、有的宽松。这一切都会导致考核分数的失真，流于形式。所以，应仔细考虑怎么应对。

4. 如何克服它的局限性

360度考核只是一个定性的评估手段，本身有一定局限性。所以，要仔细考虑如何使用它。

"说得非常好。我希望大家记住，我们是管理工具的使用者，不能反过来受制于工具。我们在考虑一项管理工具的适用性时，要充分考虑到该工具的优点、缺陷。同时还要去思考，为了让它能更好地落地，它的缺陷怎么去纠正、弥补。例如，我们在什么工作场景下使用？使用的人群有哪些？使用的范围是怎样的？使用的方法是怎样的？大家要积极拓展工作思路，不要总是被困在管理工具自身的局限性里。"我总结道。

"关于考核成本的事情，我想我们可以通过控制考核范围来解决。例如，我们选择只在人才选拔和高管绩效评估这两个工作场景下使用。

"我们通过这种方式让管理者或者是未来的管理者，能够充分了解自己在工作中的不足，能够及时调整，提高自我意识，更加有全局观，这样就能更好地发挥公司内部的协同性。

"在公司内部，目前人才的选拔频次不高，高管的人群占比也不高。这样就能缩小考核范围，从而达到有效控制考核成本的目的。

"关于数据失真和泄愤的问题，我想我们可以改变工具的使用方法，例如，不使用打分的方式而是改用书面反馈的方式去评价。当然，为了让反馈内容更加客观，杜绝出现泄愤或送人情等情况，我们可以给反馈制定一个框架。例如：反馈必须包含几部分内容，如场景、行为、结果、建议、批评、表扬等。

"比如，在某次项目推进的过程中（场景）；某某提了某个建议（行为）；改善了工作流程（结果）；但是提建议的语言，需要再提炼一下（建议）；要注意时效，不能拖延到开会才说（批评）；但是心里一直想着怎样改进工作，这是一种非常积极的工作态度（表扬）。

"通过以上这些内容，对被考核方具体的工作表现进行清晰的描述、反馈，这样就能更好地达成帮助他人发展、提升的效果。

"最后，再提一下关于360度考核本身局限性的问题。我觉得，它本身只是补充类的考核工具，具体使用还是要和我们的KPI考核形成相辅相成的关系，而不是互相取代的关系。这样就能更好地发挥它本身的优势。"绩效经理思考过后，如此回答道。

听完她的想法，其他成员都很认可。因为她已经说得非常全面了，大家后来的讨论就只围绕落地的细节展开了。最后再由绩效经理总结大家的想法，做成了一套完整的360度反馈体系。这套体系在我们后续的人才选拔及高管评估中起到了很重要的作用，也很好地改善了团队内部的协同性。

三、提升薪酬管理工作

涨工资 ≠ 员工满意（全面薪酬投入了吗？）

事业部的人力资源业务合作伙伴（HRBP）跑来和我说，事业部的谢总跑到董事长那里哭诉去了，说她底下的新人流失得太快，主要是因为对薪酬不是很满意，新员工的招聘也没那么快到位，他们部门的工作量太大，都无法应付了，想让我们调整一下部门的薪酬，他们才能改善现在的情况。

"你也认为是薪酬导致的这个问题吗？"我随口问道。

"我认为不是。离职面谈都是我做的，他们离职的原因五花八门。但是我发现有几点对离职人员比较重要：①工作和生活没法平衡；②没有发展的空间；③和其他公司比，我们的福利也不是特别有吸引力；④薪酬不具备竞争力；⑤感觉薪酬不公平。我思考后，觉得我们好像做不了什么。工作生活是否平衡，是由工作内容和自己的工作习惯决定的。薪酬、福利的增加，一定会大大增加人力成本，董事长是不愿意的。至于发展空间，公司的职位就那么多，人人都想升职的话往哪升呢？至于抱怨薪酬不公平，世界上哪有什么绝对的公平呢？别的部门涨薪，你就要涨薪。那人家给公司创造的利润还多呢？什么都不考虑就给你也涨了，你是公平了，那对别人公平吗？"她总结道。

我听完笑笑，刚准备回答她，就接到了董事长电话，让我带着HRBP去他办公室一趟。进了办公室，看见谢总愁眉苦脸地坐在那里，董事长则表情严肃。

"谢总说他们部门的薪酬太低，导致了人员的流失。但是我记得，这个薪酬标准定的时候，你们也是经过测算的。你给谢总分析分析问题在哪？不管怎么样我们要把这个问题解决了，不能让部门工作停摆。"说完，董事长给我使了个眼色，我瞬间就明白了，这是董事长想借我做挡箭牌，堵住谢总的涨薪要求。

随后，谢总把他们现在人员流失的情况和我说了一遍。大致情况和HRBP说得差不多。

听完后我说道："所以，您认为薪酬涨了员工的满意度上来了，人员流失的问题就可以解决了是吗？"她点点头。

"这个问题，我们其实之前还真的做过调研，大多数员工对薪酬的满意度，很大程度源于横向比较。有可能是和公司内部平级的员工比；也有可能是和别的公司同样的岗位比；还有可能是和自己的同龄人比等。

"如果我们员工的薪酬水平，在经过比较后发现还算适中，员工对工作的态度就相对平稳，不算积极，也算不上消极；如果比较后发现自己的较低，员工就会消极怠工，甚至准备跳槽；如果员工比较后发现自己的较高，员工就会对工作产生更高的积极性，但这也只能维持一段时间，时间一长员工就会觉得自己是具备这样的价值的，所有的一切都是应得的，积极性又会再度下滑。

"从这个角度来看，我们只能不断地加薪，才能维持住员工的积极性。可是，这也不太现实，因为从公司角度看，投入和产出还是要成正比的。如果一味加薪，公司业绩没有提升，成本倒是不断提高，利润就会被压缩。公司的生存出了问题，到时候等待员工的也只能是被辞退，这也不是什么好事。"我说道。

听完我的话后，我看到谢总的脸色开始变得有些难看，于是继续同她说道："其实，从我们专业的角度广义来看，薪酬（全面薪酬）包含物质薪酬、非物质薪酬两类。物质薪酬就是我们常说的工资、奖金、福利、年终奖等；非物质薪酬包含工作挑战、价值实现、职业规划、工作环境、职场关系等。很多时候，我们都过于重视物质薪酬，而忽略了非物质薪酬的投入。

"而且，如果我们只是简单地从物质薪酬这个角度去理解薪酬，就一定会碰到我刚才说的那个问题。而我们如果从非物质薪酬这个角度出发，就可以很好地避免上述的问题，有时还能达成比单纯涨薪更好的效果。"我说道，这话引起了谢总的兴趣，她示意我继续解释。

"比如说，你们部门的员工总是抱怨工作量太大，为了完成工作，总是没法兼顾生活。我们曾经对年轻的员工做过一些调查。发现他们很重视自己的兴趣爱好，回到家后依然会投入大量的时间在自己的兴趣爱好上。例如，有的人免费给一些国外的视频网站做字幕翻译工作；有的人报了一些喜欢的课程，去给人家做课程助理等，他们也是非常忙碌，可是他们通常只会用'充实'这个词来形容这种生活状态。但对于工作，他们则会用'压力''烦躁'这些词来形容。

"我们可以明显看到，这两种不同类型的工作，让员工在身体上产生的疲劳感是相同的，可是心理感受却是截然不同的。这也反映出我们现在工作方式的设计过于传统，无法满足年轻人的心理需求。

"假如说，我们对现在的工作方式做出一些调整，比如，把工作分为两个部分，一部分常规工作，让员工可以在工作时间完成；另一部分工作可以设计得有趣一些，可以让员工用休闲时间或者碎片时间完成，并配套一些游戏的机制，例如积分、星级，可以把这些内容和我们的福利平台联动起来，去兑换各种各样的礼品。

"员工们感觉到有趣了，自然就能更加积极地投入了。就像每年过年，支付宝收集'福'字的活动，你费心费力地收集半天，摇奖金的时候也许只能收获几分钱，和投入的时间完全不成比例，可是下一次你还是会积极参与，不就是这个道理吗？"

"这确实是个好办法，我怎么以前从来没有考虑过呢？"谢总感慨道，事业部的HRBP更是忙着低头记录。

"再比如说，我们制订的继任者培养计划，目的是让大家领任务进行跨部门合作。除了培养员工的能力外，这其实也是为了让大家走出自身的'舒适圈'，通过挑战来获取能力的提升，避免产生职业倦怠感。

"员工心情的愉悦、能力的提升、自我价值的满足，诸如这些收获都是非物质薪酬，员工得到的越多，越不容易想要离开或者放弃这份工作。所以，从某种程度上来说它比物质薪酬更具有吸引力。"我最后总结道。

涨薪有技巧（薪酬有策略）

一次高层管理会议结束后，董事长把我单独留下，想和我谈谈薪酬的问题。公司现在的高管层有两类人：一类是陪伴公司一起成长起来的；另一类是后期通过猎头招聘进来的。前一类高管的工资，是按照公司的晋升规则一点点涨起来的；而后一类高管的工资，是按照过往薪酬加上期待薪酬这样的定薪规则形成的。两者之间的薪酬差距还是很明显的。

而且从能力方面看，董事长并没有觉得后一类高管的能力远高于前一类；也就是说，从能力的角度来看，前一类高管的薪酬回报可能略低，后一类高管的薪酬回报可能略高。董事长认为，这种薪酬方面的不平衡不是一个好现象。

另外，现在公司进入了业绩高速增长期，他也希望能够激励这些高管们充分发挥自己的业务能力，助力公司发展。所以，他想要一套薪酬调整方案，既要解决这种非能力造成的薪酬不平衡，还要能适当调高管理者的薪酬回报，但同时也要注意贡献和回报的价值对等。

还有一点，他最后迟疑了一下，说道："未来不会因为人力成本过高给公司的发展造成什么潜在的隐患，那就更好了。"

虽然，在提到最后一点时，他的语气也很犹豫，但是我完全可以理解他的担心。薪酬涨上去容易，降下来却很难。人力成本一旦大幅度增加，盈利空间被压缩，我们抵御外部风险的能力也会下降，在现在这个瞬息万变的市场环境中，这么做无疑是不明智的。

我思考了一下，回答道："如果我们要做这个方案，首先要确定两件事。

1. 高管的定薪策略是什么

"市场上的薪酬策略，一般有三种：领先、追随以及持平。领先市场水平的薪酬策略，其优点很明显，既可以降低核心高管的流失率，有效激励高管，又能增加高管们面对挫折、挑战的耐受性；缺点自然是成本太高。

"追随市场的薪酬策略，主要是找同行作为标杆，整体的薪酬水平都以该批同行作为参考，向他们靠拢。该薪酬策略的优点是，可以节省薪酬市场调研的费用，也可以让薪酬水平更接近有市场竞争力的水平；但是缺点在于，它不一定能和公司的现状相匹配。

"持平市场的薪酬策略，其最大的优点就是能有效降低薪酬的水平，但是很难吸引到核心的员工。

"这三种定薪策略，除了第一种外，其他两种我们都在做，分别应用在了不同的岗位上。比如，现在的高管职位采用的就是追随市场的薪酬策略。

"但是，如果您希望高管层能更好地应对现在业绩的高速增长，那我个人建议还是选择领先市场的薪酬策略。

2. 高管的薪酬结构策略是什么

"目前薪酬结构的策略有三种，分别是稳定、弹性、调和。从人力成本上来看，稳定的薪酬结构策略就是给员工较高的固定工资，是人力成本最高的选项，和绩效之间的关联性低。虽然它能给员工带来安全感，但是缺点也是相当明显的。

"弹性的薪酬结构策略，就是大幅度提高工资中浮动工资的比例。这种策略现在被很多公司使用，主要是因为其在人力成本的控制上表现突出。但是它给员工带来的不确定性较强，员工安全感差，像高管这种职位就不是很适合使用这种薪酬结构策略。

"调和的薪酬结构策略，就是把固定工资和浮动工资之间的比例调整在一个适度的位置。这样既能让员工不缺失安全感，又能在控制人工成本的同时达到考核员工的目的。

"我建议选择最后一种，即调和的薪酬结构策略，同时和分红组合起来。这样既有了相对高的固定部分，又有了根据个人贡献给公司创造价值的奖励部分，同时还有了公司盈利时个人和公司分享成果的部分。

"我们这样组合使用，最大的好处是使得薪酬产生叠加的效果。这种效果可以减少我们的投入，产生更好的回报；同时也可以解决您之前说的薪酬平衡的问题。

"下面，我以市场部总监的薪酬为例来解释下这个薪酬结构策略，假设公司有两个市场部总监，一个是公司内部培养的，另一个是经猎头招聘的。他们的原有薪酬情况和调整后的薪酬情况，具体可以参照这张图。"我随手画了起来（图8-3）。

"我们可以给本季度奖金的发放再设立一个考核的条件。"我又给董事长列了张表。具体可以参照表8-3。

假
设
领
先
市
场
薪
酬
水
平
为
5
万
元
（
每
月
）

猎头招聘

原先的薪酬结构(月)

固定薪酬是3万(元)

调整后的薪酬结构(月)

固定薪酬是2.5万+$\dfrac{2.5万(元)}{3}$季度奖金

公司培养

固定薪酬是2万(元)

固定薪酬是2.5万+$\dfrac{2.5万(元)}{3}$季度奖金

季
度
奖
金
=
绩
效
奖
金
+
分
红

图 8-3　薪酬结构调整

表 8-3　季度奖金考核标准

考核维度	关键业绩指标	衡量标准	评分说明	权重	备注	得分	备注
财务(30%)	现金收入	现金收入/目标值×100%	95%	完成目标95%(含)以上，得10分；完成目标95%以下，每下降1%，减0.5分，完成目标低于75%此项不得分(最多扣减10分)	10%	由财务管理部提供数据		
	会计收入	会计收入/目标值×100%	95%	完成目标95%(含)以上，得10分；完成目标95%以下，每下降1%，减0.5分，完成目标低于75%此项不得分(最多扣减10分)	10%			
	利润	利润/目标值×100%	95%	完成目标95%(含)以上，得10分；完成目标95%以下，每下降1%，减0.5分，完成目标低于75%此项不得分(最多扣减10分)	10%			
客户(20%)	内部客户满意度	内部客户满意度	20分	工作直接相关部门满意度评分	20%	相关部门负责人打分		
内部运营(50%)	市场费用使用情况	市场投入产出比	20分	市场回报率达到8.5为20分	20%	根据××财年部门重点工作计划进行评价		
				市场回报率达到8.0为15分				
				市场回报率达到7.5为10分				
				市场回报率达到7.0为5分				

考核维度	关键业绩指标	衡量标准	评分说明	权重	备注	得分	备注
内部运营(50%)	渠道开拓与维护	有效咨询量符合年度预算要求	10分	完成目标95%(含)以上，得10分；完成目标95%以下，每下降1%，减0.5分，完成目标低于75%此项不得分(最多扣减10分)	10%	根据××财年部门重点工作计划进行评价		
	市场活动组织	符合年度预算要求	10分	直接上级及工作直接相关部门评分	10%			
	公共关系	外部关系维护稳定，年度未发生危害公司公共利益及声誉事件	10分	直接上级及工作直接相关部门评分	10%			
合计							

"按照这张表所示的权重比例，如果公司业绩做得好，该市场总监能轻易拿到超过现收入的薪酬。假设公司某个季度业绩完成情况不好，在完全不考虑财务和内部满意度的情况下，就算该市场总监把季度重点工作都做到位，他拿到的薪酬和以前相比也会有一些差距。这样，能激励他们更好地发展业务。

"这种考核模式对于两类市场总监，都有一个提醒的作用。让他们知道自己和公司之间是利益、风险共担的关系，想赚得更多就要拿出真本事，把自己部门的工作做好，更好地支持业务部门，让公司业绩增加才是硬道理。

"这点可能会让经猎头招聘而来的高管们心里多少有些不舒服。我可以去逐个做工作，而且考核标准中所设目标都是年初他们自己定的工作目标，我们没有为难他们的意思。如果他们对自己的工作完成没有信心，或者连自己部门重点的工作都做不好，那么是否还有留下的必要，结果是显而易见的。

"当然，我们还可以根据职位的不同、公司盈利状况的不同，针对财务和内部运营的权重或者考核的条件，每年随机做出调整。这样，也大大增加了薪酬的浮动空间。"我说道。

董事长听后认真思考了一会儿，最终在定薪策略上还是选择了领先型；在结构上则是选择了我后来推荐的这种组合式的薪酬结构设计方法。

后来，我们联合薪酬经理又开了一次会，把每名高管的具体薪酬标准、奖金标准以及考核各项指标都明确了下来。

经过这次的薪酬调整，高管层的主观能动性被充分调动了起来，对公司业务的推进也起到了重要的作用。

四、薪酬效能最大化

琳琅满目的福利计划＝员工满意度？（福利是什么？）

在每月的部门例会上，行政经理提出来，希望公司的福利能够更加多样。理由是经常听到员工在抱怨公司的福利不好。

我让她具体说说，这个"多样"具体指的是什么？她的初步规划是什么？

她说，福利要让员工能够真正感受到，才算有效果，要增加员工的体验感。比如说，我们在员工生日的时候，给员工发一张蛋糕券，让员工自己去甜品店购买，和我们买回来大家热热闹闹地过生日，给员工的体验感就不一样。

听到这里，薪酬经理忍不住嘟囔道："钱谁出？我们每年的各项福利支出已经很高了，再增加预算，哪个董事长愿意批？大家都希望福利多多，可是这现实吗？"

人事经理也跟着小声说了一句："买个大蛋糕，一群不熟悉的人过个生日，过生日的人肯定也会感觉很无趣，还要装得很开心，配合拍照，想想就尴尬。这样的体验还是越少越好。"

行政经理听完大家的话，很生气、脸色难看，可能是因为不想把会议的气氛搞得太僵，她憋着没说话。看会上这气氛，我只能出声说道："福利多，但是员工却不满意。这说明可能是我们福利设计出现了问题，今天大家可以把我们现有的福利梳理一下。找找原因，分析一下，看看问题都出在哪？"

这时，培训经理说道："我倒是有一个观察，可以跟大家分享一下。我们每天下午的时候都会给员工提供水果。每次水果一端上来就被抢没了。有一次，我一时兴起也去抢了一回，结果什么也没抢上。

"后来我好奇，就每天下午发水果的时候都跑去观察。连续几天，我发现抢水果的人很早就在旁边等着了，后来的人根本挤不进去。而且那些抢水果的人很固定，平常的工作表现也一般，甚至可以说不太好。

"真正工作表现好的人，就算偶尔去抢一次，抢不上也就放弃了，不再去了。所以，我感觉我们在用水果奖励那些不好好工作、上班'摸鱼'的人。这样的福利确实感觉没什么意义。"

薪酬经理又跟着嘟囔了一句："就这种福利，还花掉不少钱呢！"

行政经理此时忍不住又开了口："员工福利，也是员工激励方式的一种。要是什么都从钱看，干脆什么福利都别弄了，那绝对省钱。员工闹起来，你能处理就行。"

薪酬经理也不高兴了，正准备反驳，就被我强行打断："好了，要是吵架能解决问题，不如咱们也别开会了，给你们单独约个会议室，你们吵个痛快。"

看着她们都有所收敛，我继续说道："福利，确实是员工激励方式的一种。但是，不是说我们要无限制地支出，把福利项目弄得琳琅满目。

"而且员工真的满意吗？就像刚才抢水果的问题，就提得非常好。大部分员工都没享受到，能满意吗？这说明我们现在的福利设计确实有问题。只单纯为了'有'而'有'，没有将效用性和员工的需求紧密结合。

"所以，当下的重点应该是重新审视一下我们现有的福利项目，看看有什么可以删减，有什么需要增加或是有什么要改善的。

"比如说加班福利。这个是公司目前做得非常好的福利项目。大家投入了很多时间去设计，形式非常多样，员工的体验感也很好。但是你们很少真正去思考，我们为什么投入那么多精力和时间去做福利。这才是问题的核心。

"公司有几个事业部，工作量非常大，很多员工常常处于长期加班的状态。没有人喜欢长期加班，加班时间长了会很烦躁。而我们的福利项目设计，很大地改善了加班的环境。这种福利项目的核心目的就是通过这种方式补偿员工，减少他们心理上的不适感。

"你们可以去观察一下，越是加班频繁的公司，在这方面做得越好。从根本上来看，这些福利项目和我们的目的是一样的，将效用性和员工需求紧密结合。同时，也要注意一点，就像刚才所说的，有人会浑水摸鱼，抢占真正辛苦工作员工的资源。例如，8个小时能完成的工作，非要拖到10个小时，就为了在公司吃顿饭，享受各项加班福利。这就违背了我们设计这个福利项目的初衷，所以我们也要做出一些条件的限制。

"再比如旅游津贴。关于这项福利，每年都是按照员工的入司年限、职级给的额度，让他们旅游回来后，通过报销的方式获取补贴。可这种福利对公司实际的意义是什么呢？如果我们换一种方式，例如，团队一起出去旅游，能起到团建的作用；组织优秀员工去旅游，能起到激励的作用。这两种福利都会比直接给员工发钱报销更有意义。

"所以，你们要做的工作就是要按照这个思路，把我们的福利项目梳理一下，提出具体的改进方案才是正事。"我说道。

会议终于进入正轨，不像之前那么充满火药味了，大家讨论得也很热烈，在讨论员工需求的时候把马斯洛需求理论都用上了。会议接近结束的时候，考虑到福利的预算已确定，于是大家提出了福利改善分两步走的计划。

第一步，是对已经确定的福利项目，在内容形式上进行改善，让它们更能满足效用性和员工需求，先看看员工的反馈。第二步，是根据反馈，重新设计第二年的福利计划，并在来年提交匹配的预算。

这次公司福利项目改善和调整后，员工的满意度大幅提高了。让为此忙碌的部门都很有成就感。

"一刀切"的激励（薪酬激励的叠加组合）

有一天运营总监来找我聊天，提到业务团队中的助理，这是一群很特殊的人，他们不是销售却胜似销售。因为他们平常总是负责和公司的各个职能部门对接，所以对公司的制度政策比销售人员了解得更多，而且他们还要随时去支持销售的工作。时间一长，有的时候谈起单来比业务部门的销售人员还专业。

更为重要的是，他们因为底薪比销售高很多，稳定性也相对较好。有的团队，销售人员换了一茬接一茬，但助理始终不变。

甚至有的时候，他们还会偶尔充当销售老手的角色，带一带新入职的销售新丁。

但是在助理们的收入方面，却有些问题，由于助理们的薪酬受职位、职级的限制，非常容易封顶，没有增长空间，这让有些资历较深的助理有了离职的想法。运营总监实在是不想失去这样的好员工，所以就来找我聊一聊，看看能不能帮助这些助理突破一下薪酬空间。

运营总监告诉我，因为他们部门自己有一部分奖金和激励的预算，所以部门内也讨论着做了一版激励方案，就是薪酬加提成。但再讨论的时候，又感觉这种方法不太合适，还有些人认为这就是"一刀切"的激励方法，和以前并没有多大的区别，无奈之下，他只能来找我帮忙。

我看了一下他们自己做的方案，说道："从薪酬上看，确实如你所说，这个职位缺少提升的空间；但是我们可以在薪酬结构上做做文章。我们可以让收入的结构变得更多元一些，最好是将他们创造的各种价值和公司内各种激励机制进行系统组合、叠加，这样就能最大限度地凝聚他们的力量，达到你想要的效果。"

我说完后，看到他一脸迷茫地看着我，显然是没有听懂我的意思。于是，我继续给他解释道："想做这个方案，满足你的这些要求，可以按以下两个步骤来做。

1. 给助理这一职位建立职级体系

"建立了职级体系后，可以满足你刚才所说的成长性的问题，还能给后面的薪酬激励方案的制订提供基础。但是每个职级要有明确的晋升标准（表8-4）。

表8-4 助理职级体系示例

职级	职级名称	同行业经验	基本任职资格
一星级别	新助理	一年	1.完成和各职能部门对接 2.协助销售处理事务性工作
二星级别	潜力助理	两年	1.完成和各职能部门对接 2.协助销售处理事务性工作 3.协助销售谈单 4.自己单独谈单
三星级别	资深助理	三年	1.完成和各职能部门对接 2.协助销售处理事务性工作 3.协助销售谈单 4.自己单独谈单 5.熟练辅导新入职销售

2. 重新调整薪酬结构

"有了明确的职级体系后，我们就可以重新调整他们的薪酬结构了。基本工资的标准根据职级来制定就行了，比较简单。而我们调整薪酬的地方，一定是助理们能创造价值或者是产值的地方，这点需要特别的注意。

"比如说，你们觉得助理最能创造价值的地方，有服务销售、协助谈单、单独谈单、带新人这几块，那么就可以在这几个地方设置服务奖金、参与协助提成、单独成单提成、育人奖等项目，把它们和基本工资，可以按照我写的助理薪酬结构示例（表8-5）组合起来，形成新的薪酬结构。

表8-5 助理薪酬结构示例

工资总额 =100%	基本工资	服务奖金	参与协助提成	单独成单提成	育人奖
	36%	19%	15%	20%	10%

"假如，其中的服务奖金，是你们体谅助理工作量大而长期提供给他们的特别奖金，这就属于长期激励；而协助销售或者谈单、带新人都不属于常规工作，偶尔发生才会产生奖金这个就属于短期激励，这就是激励叠加。

"当然，我们还可以根据助理们的价值贡献，对助理薪酬比例进行调整，或者做进一步的细化。比如，服务奖金，可以按照服务人数、销售人员满意度两个维度细化激励的标准。

"服务人数可以分为几个档：服务1 ~ 10人，奖金为500元；服务11 ~ 20人，奖金为1000元；服务20人以上，奖金为1500元。诸如此类。

"同理，销售人员满意度的评分也可分为几个档，比如90%、

80%、70%等，奖金总额也可预设为1500元。实得奖金数＝奖金总额×满意度评分相应的档位。

"这样就可以做到，既能激发员工工作的积极性，还能让激励和贡献紧紧挂钩。从总体来看，助理们的薪资也有了提升。

"而且假如真如你所说，资深助理们如果又能谈单又能带新人，同时还有丰富的和职能部门对接的经验，未来升职成为销售经理，也是一条发展路径。毕竟现在业务做得好的人，不一定会带团队。"我总结性地说道。

他听完后，对这个建议非常满意，回去后就按照这个方法重新做了一套方案。方案实施后，助理们协助销售的积极性更高了，后来还真有几名资深助理升职为了销售经理。